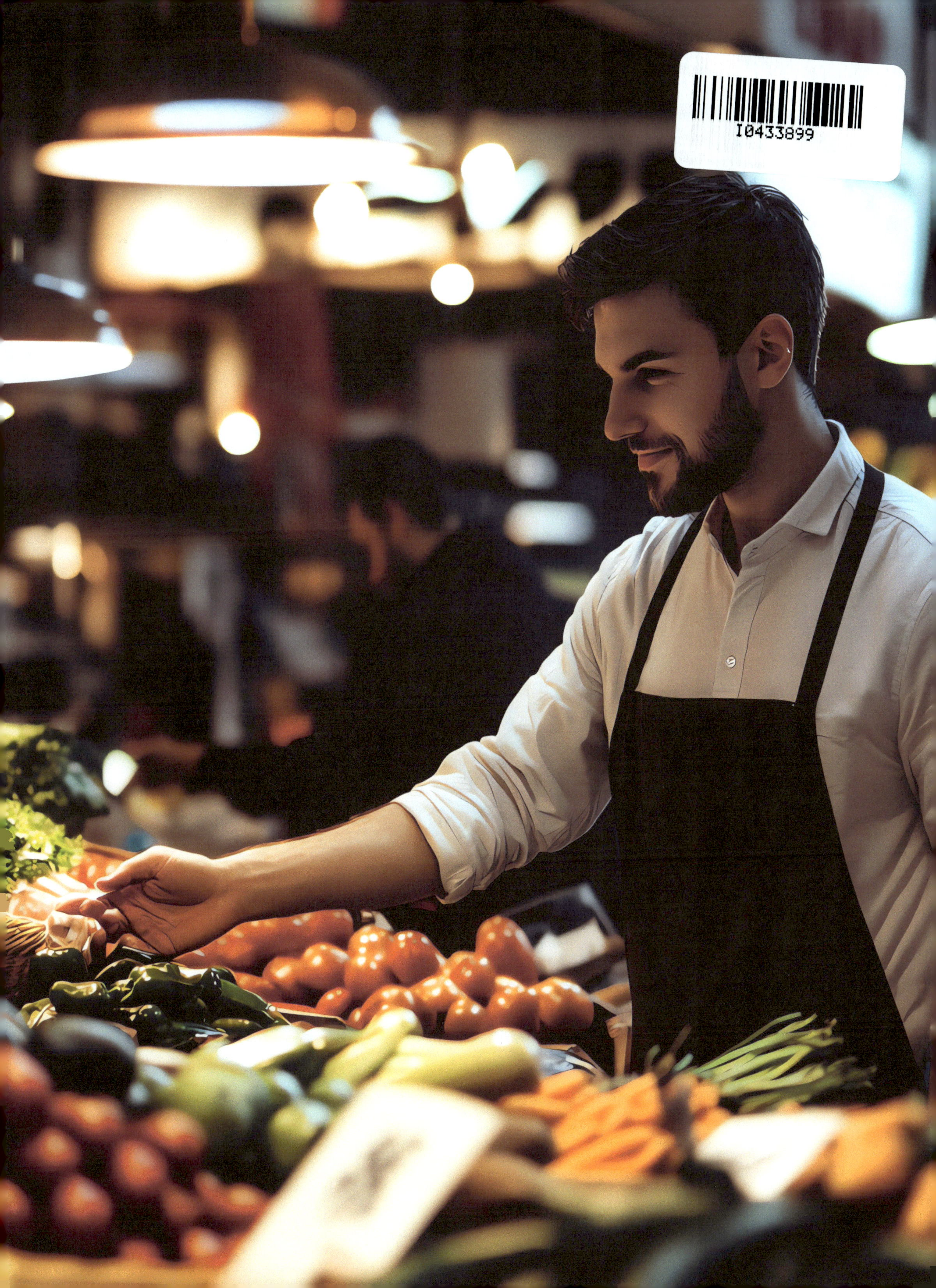

I0433899

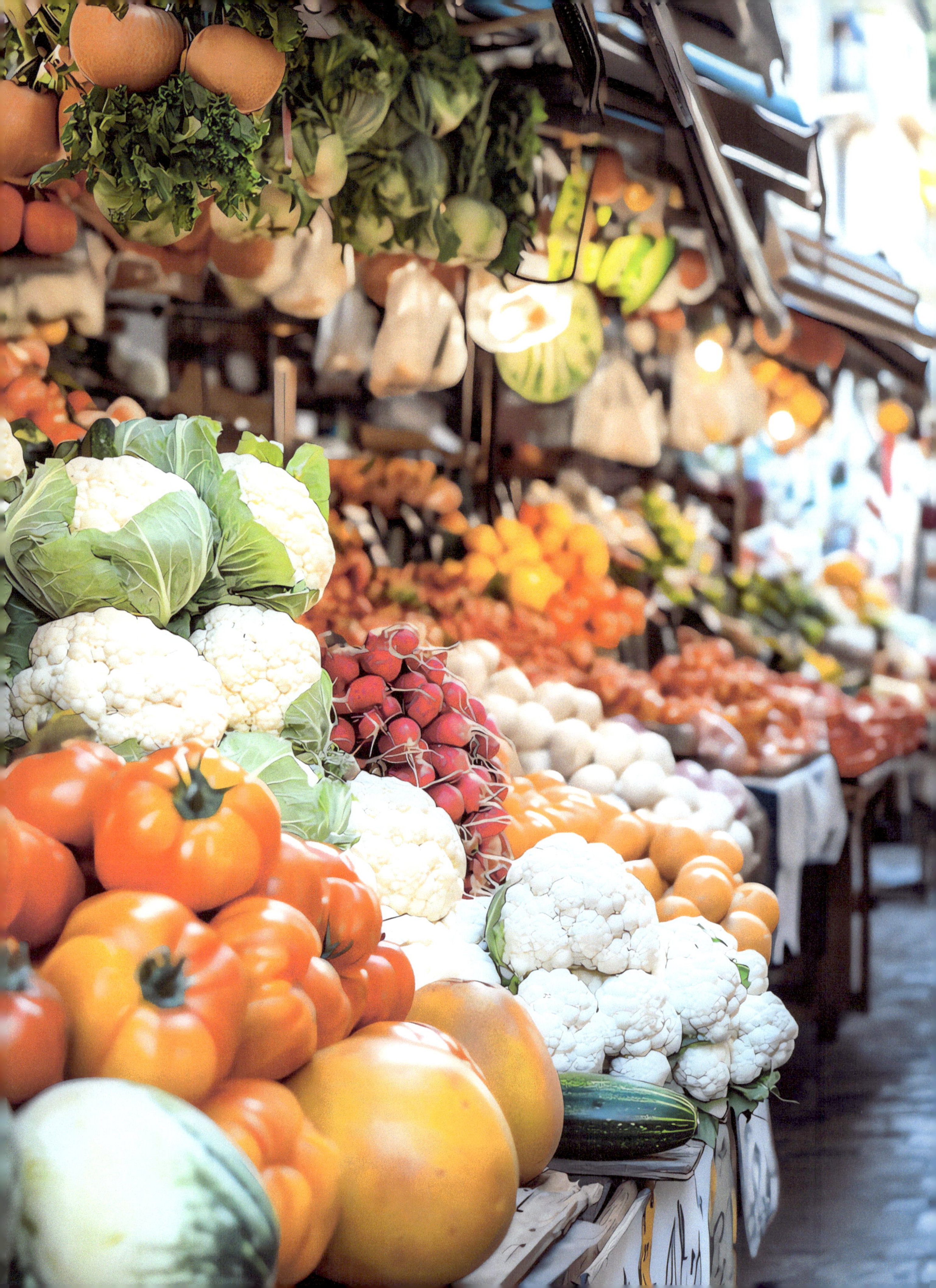

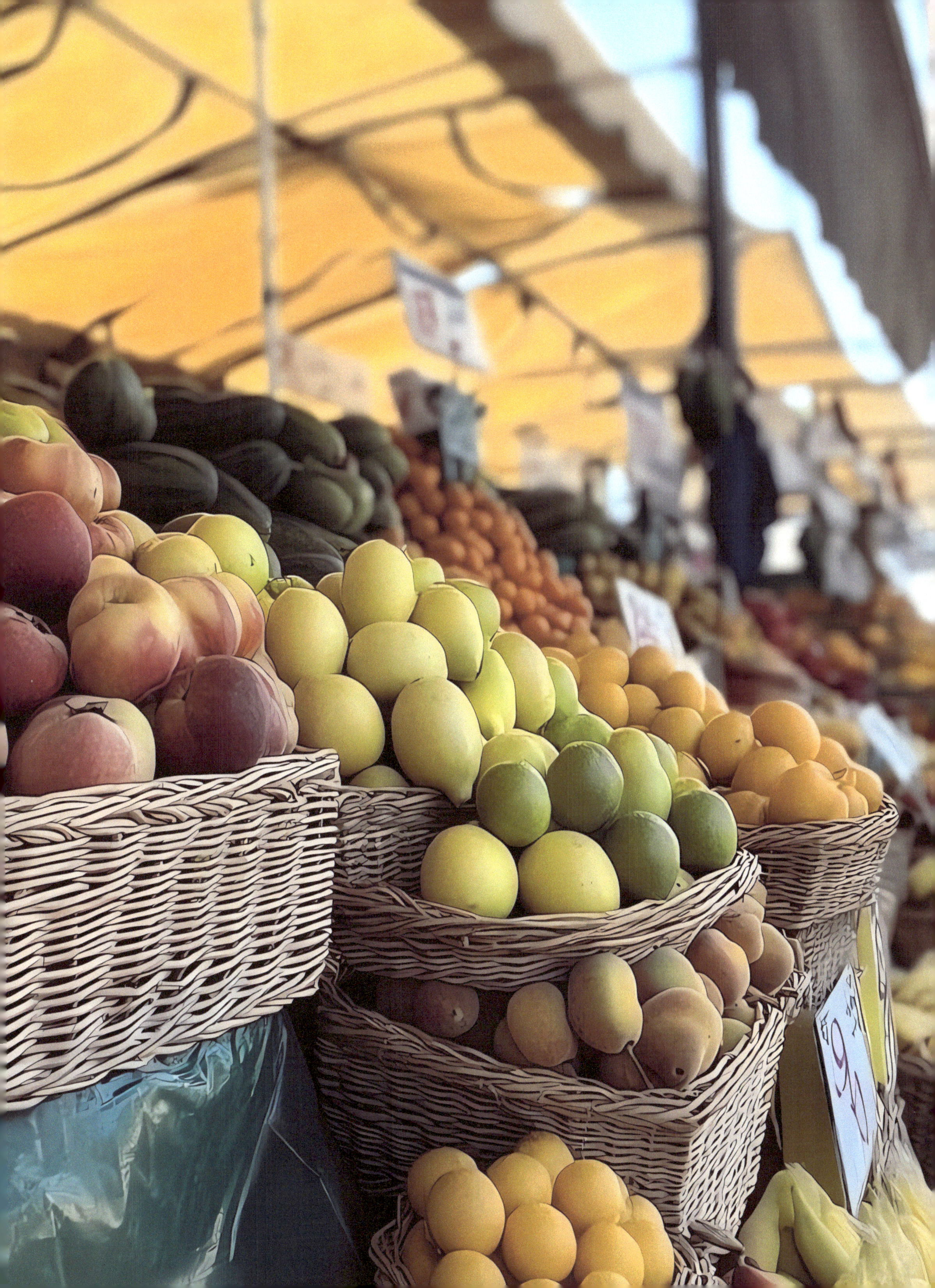

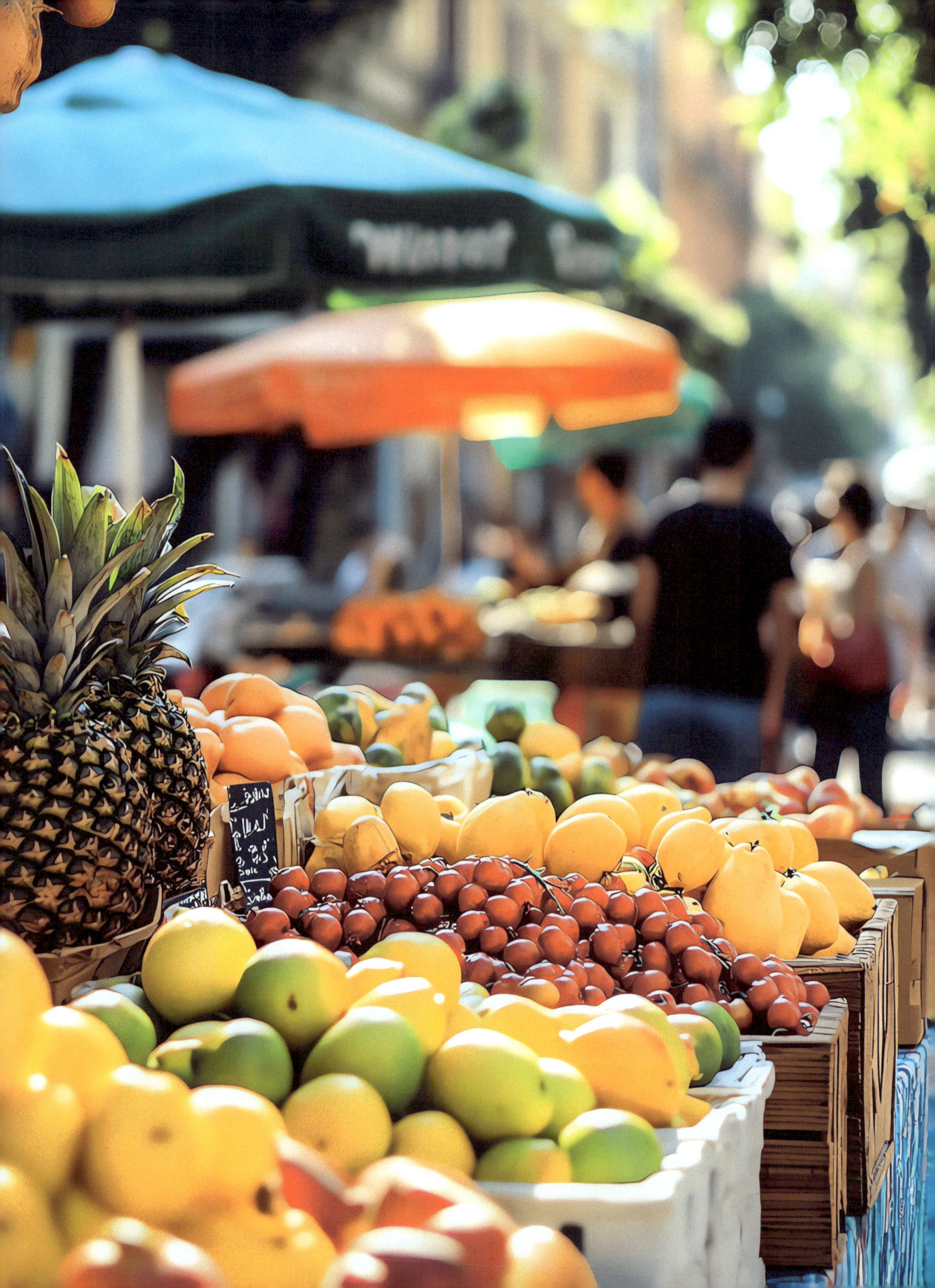

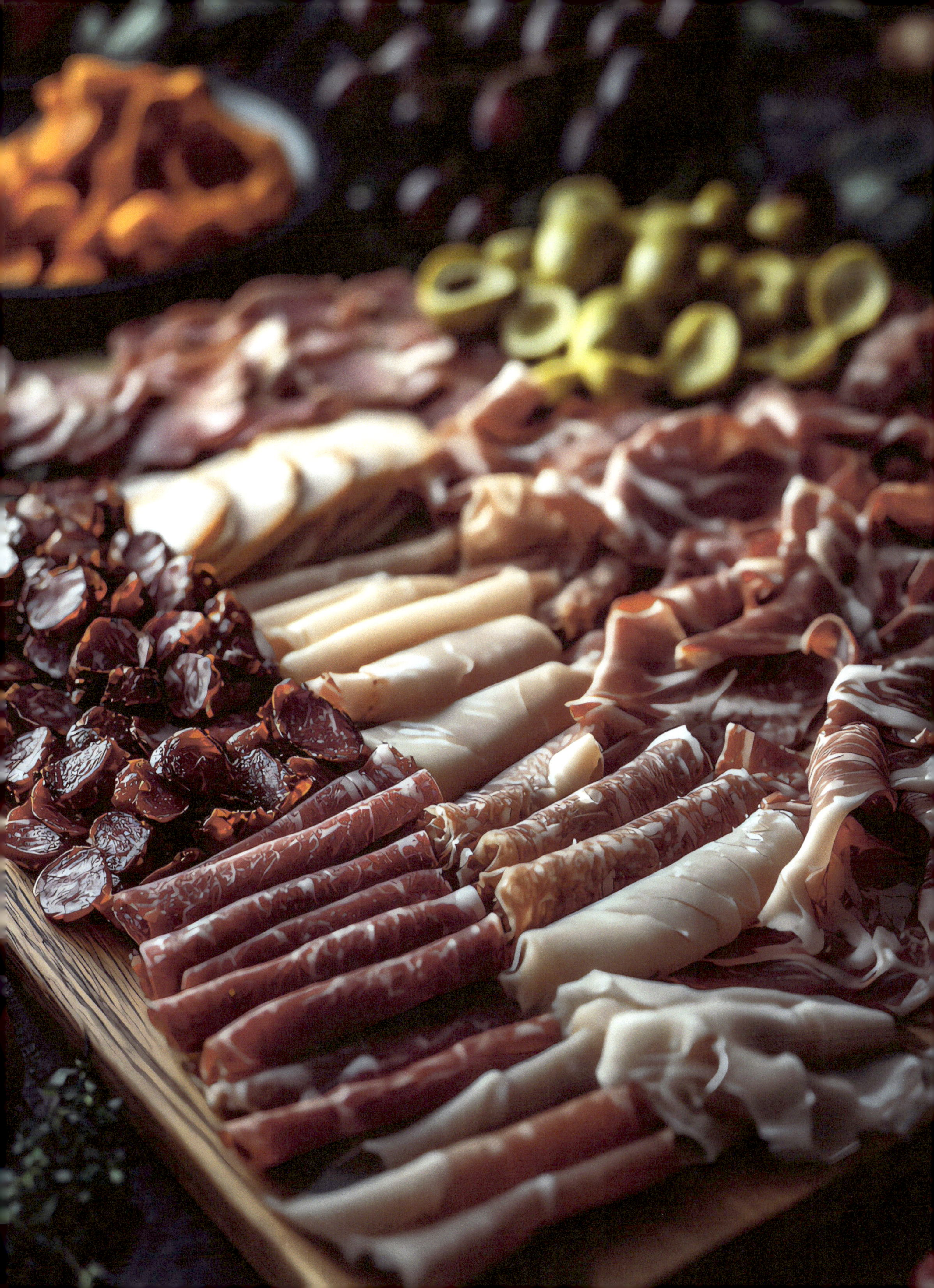

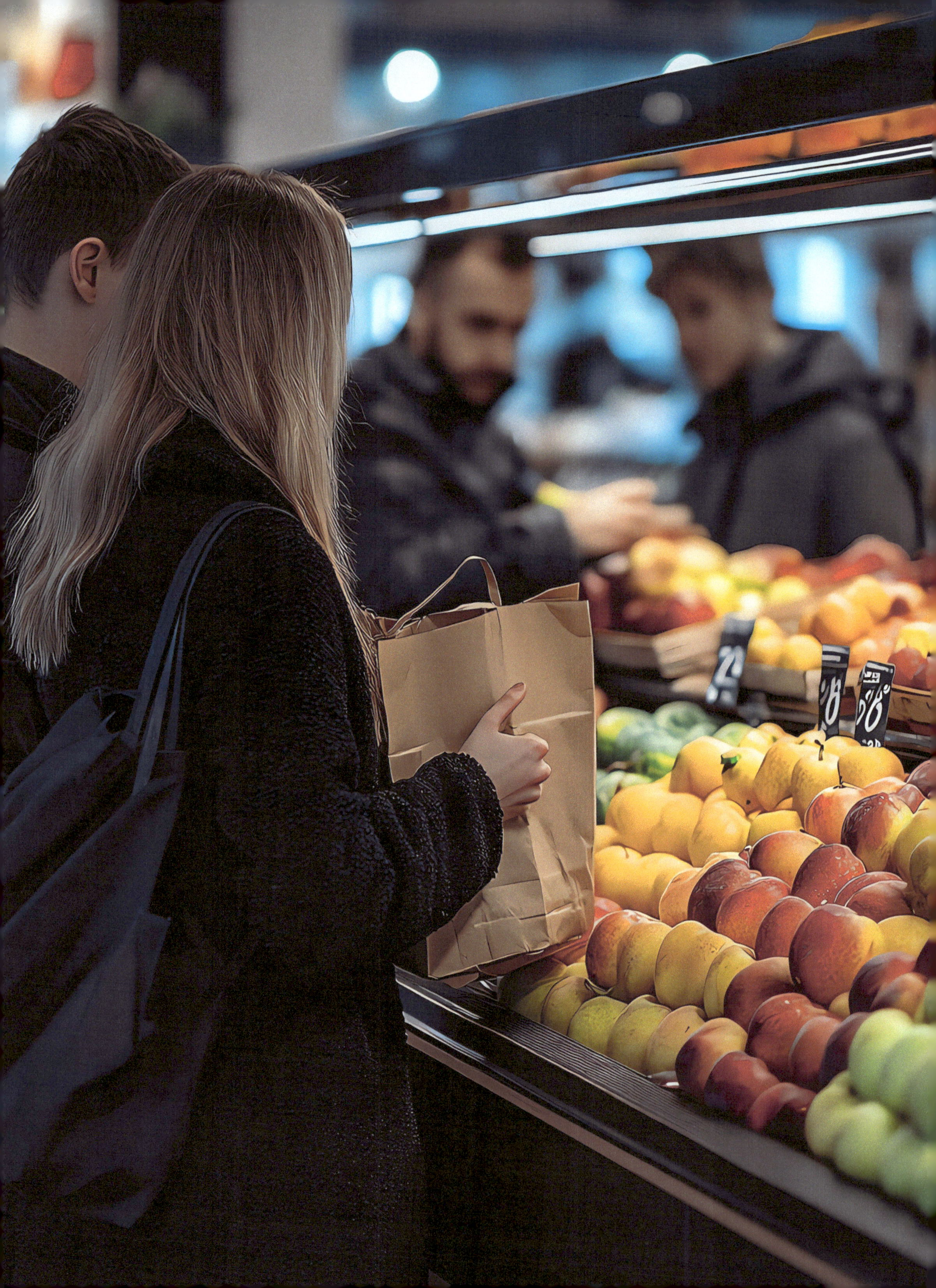

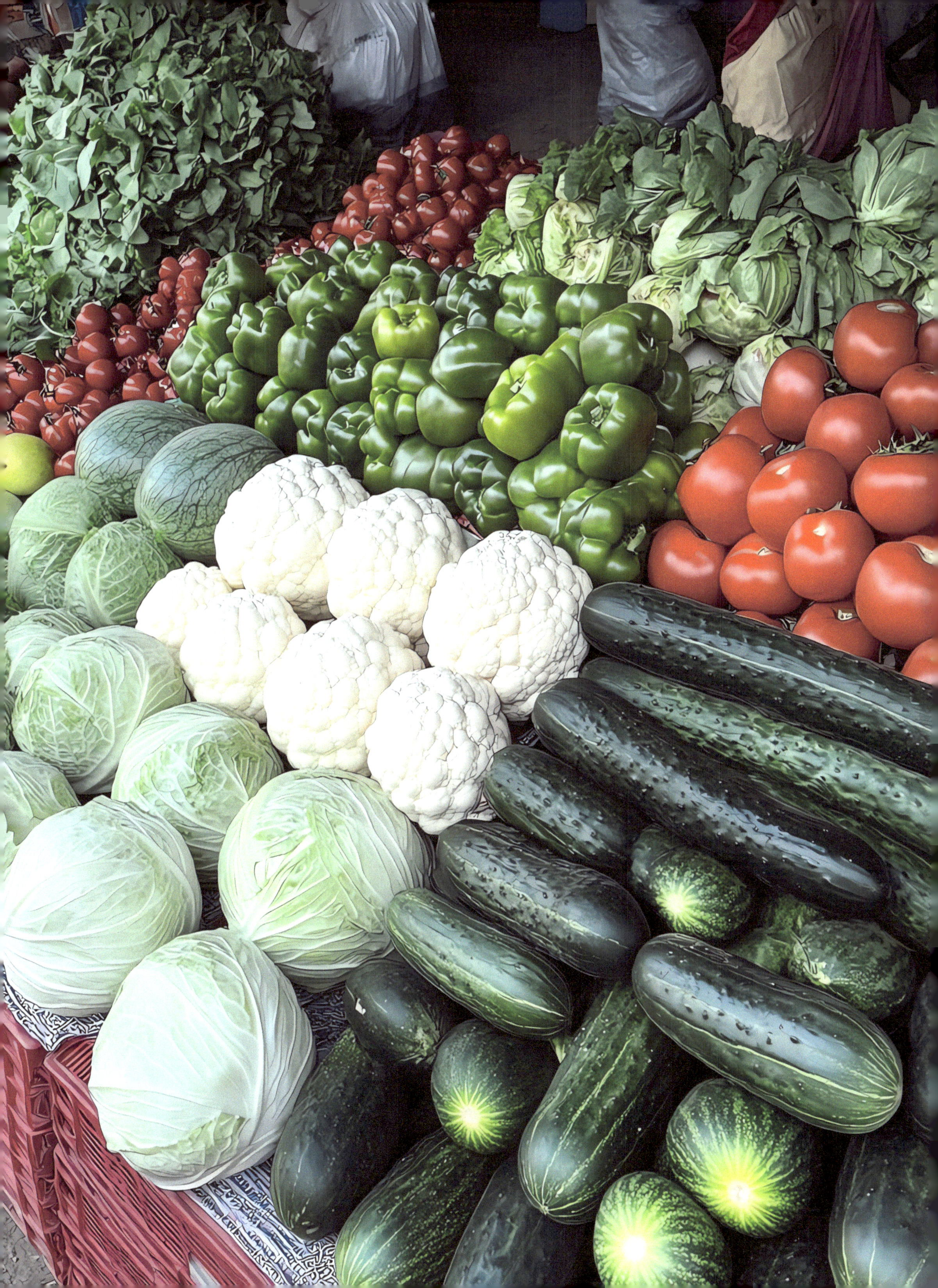

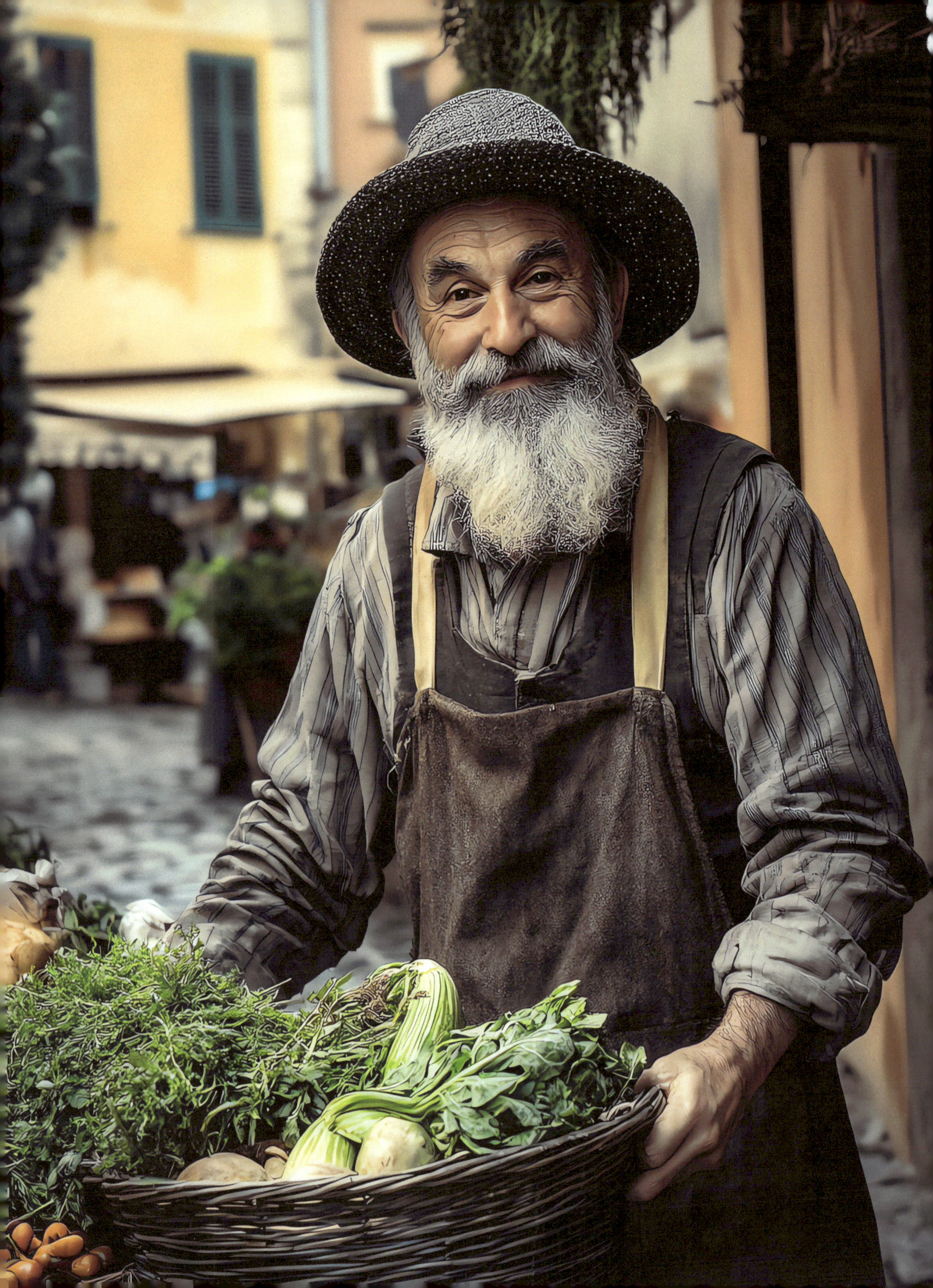

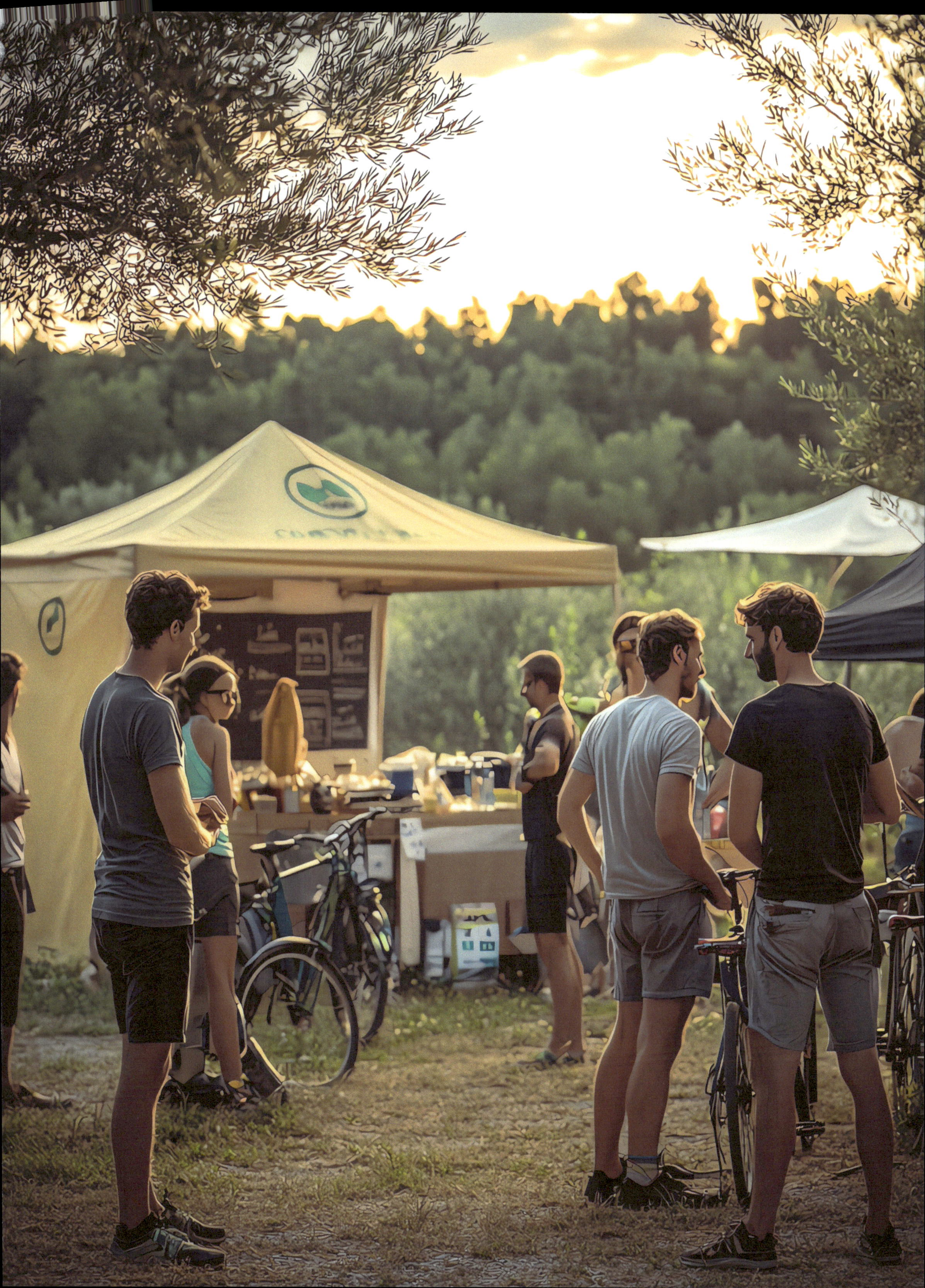

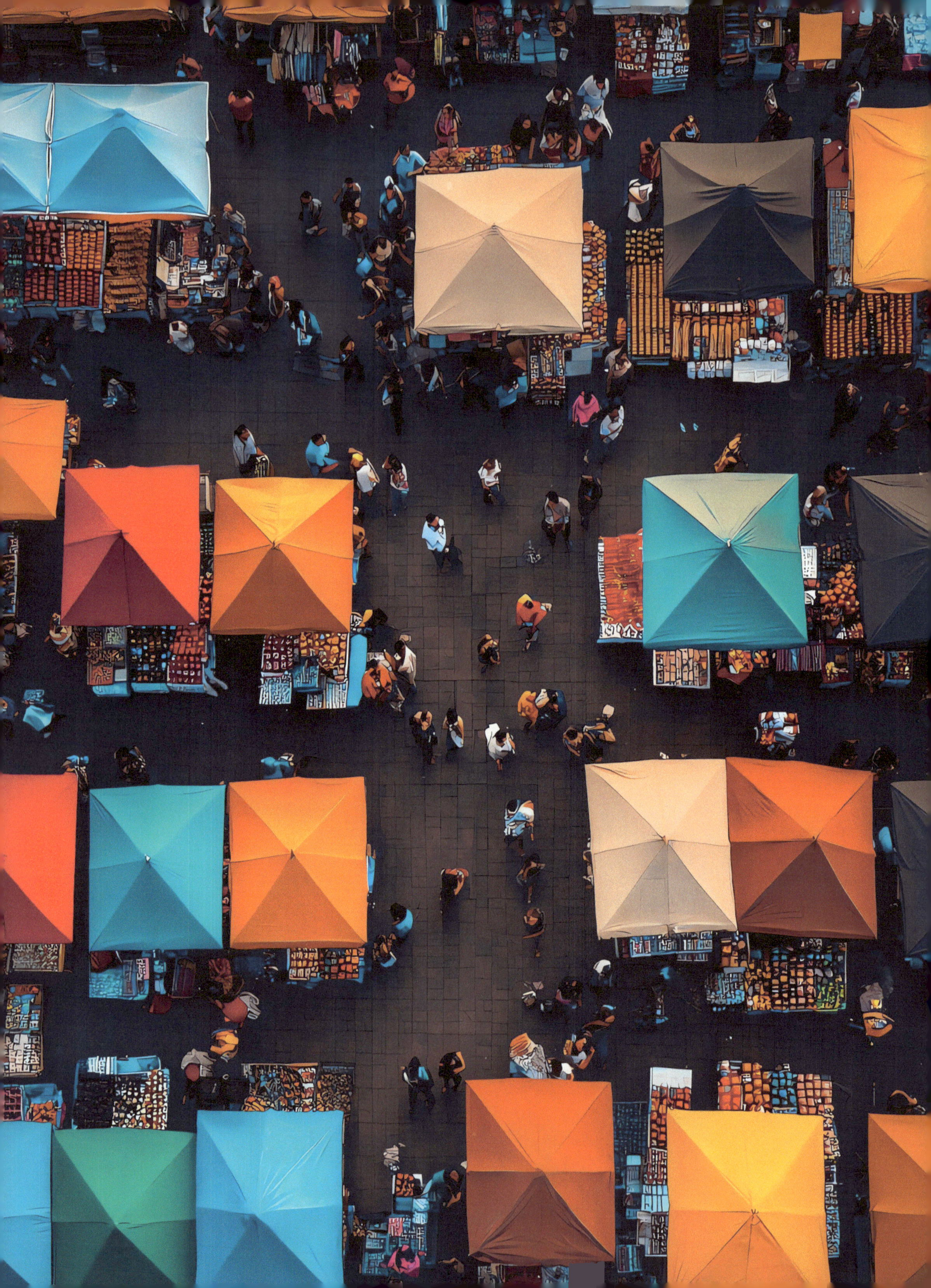

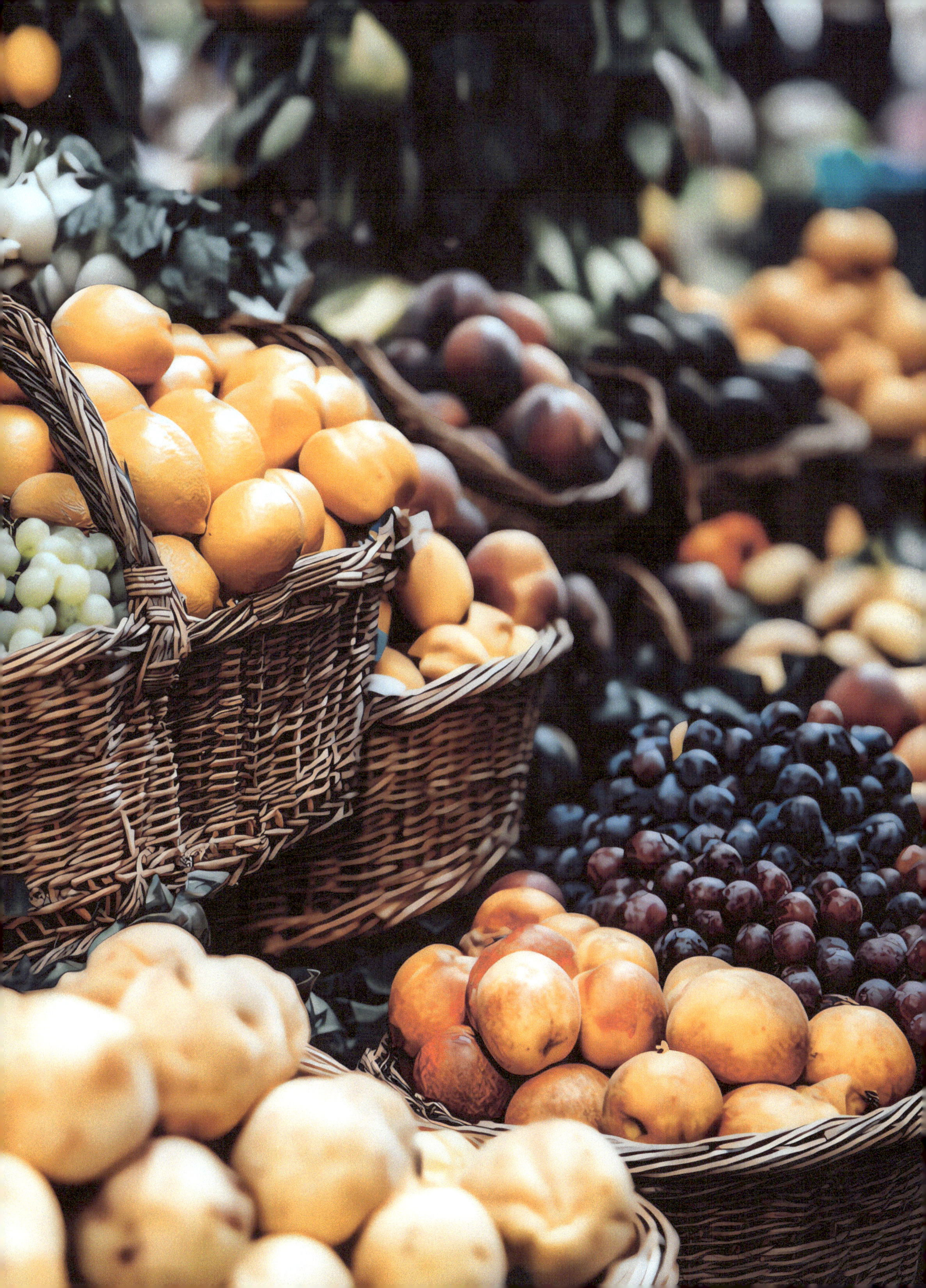

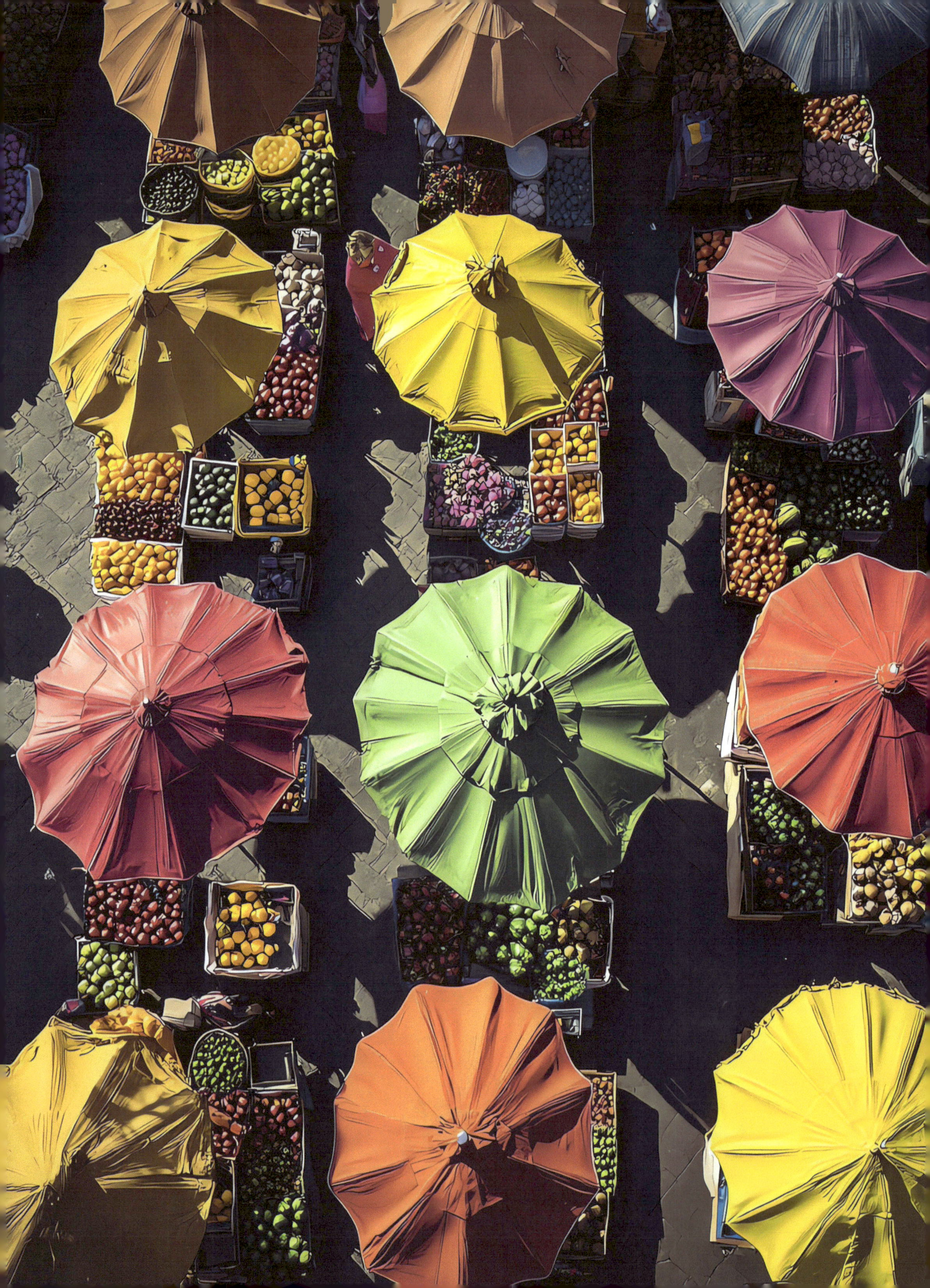

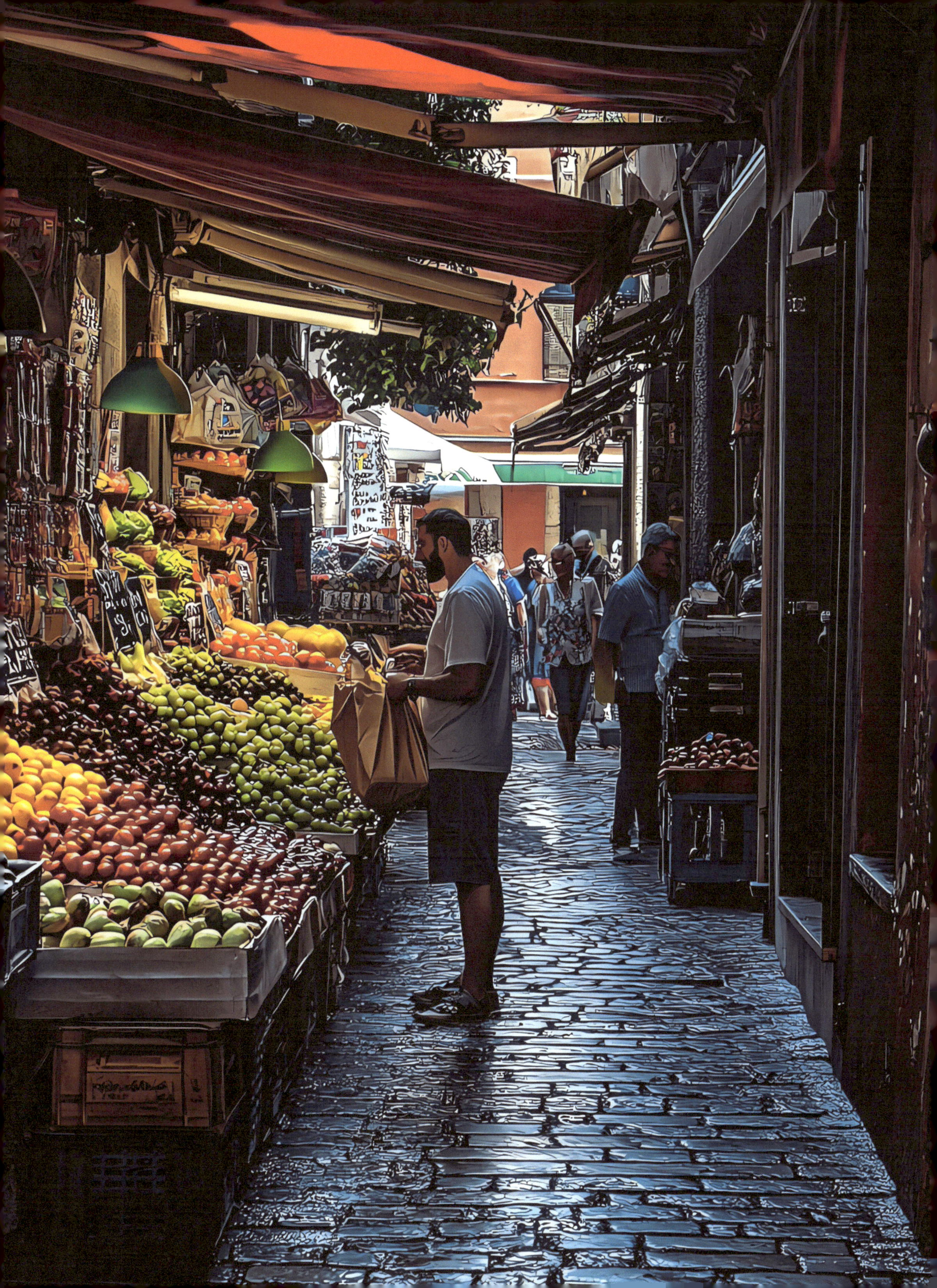

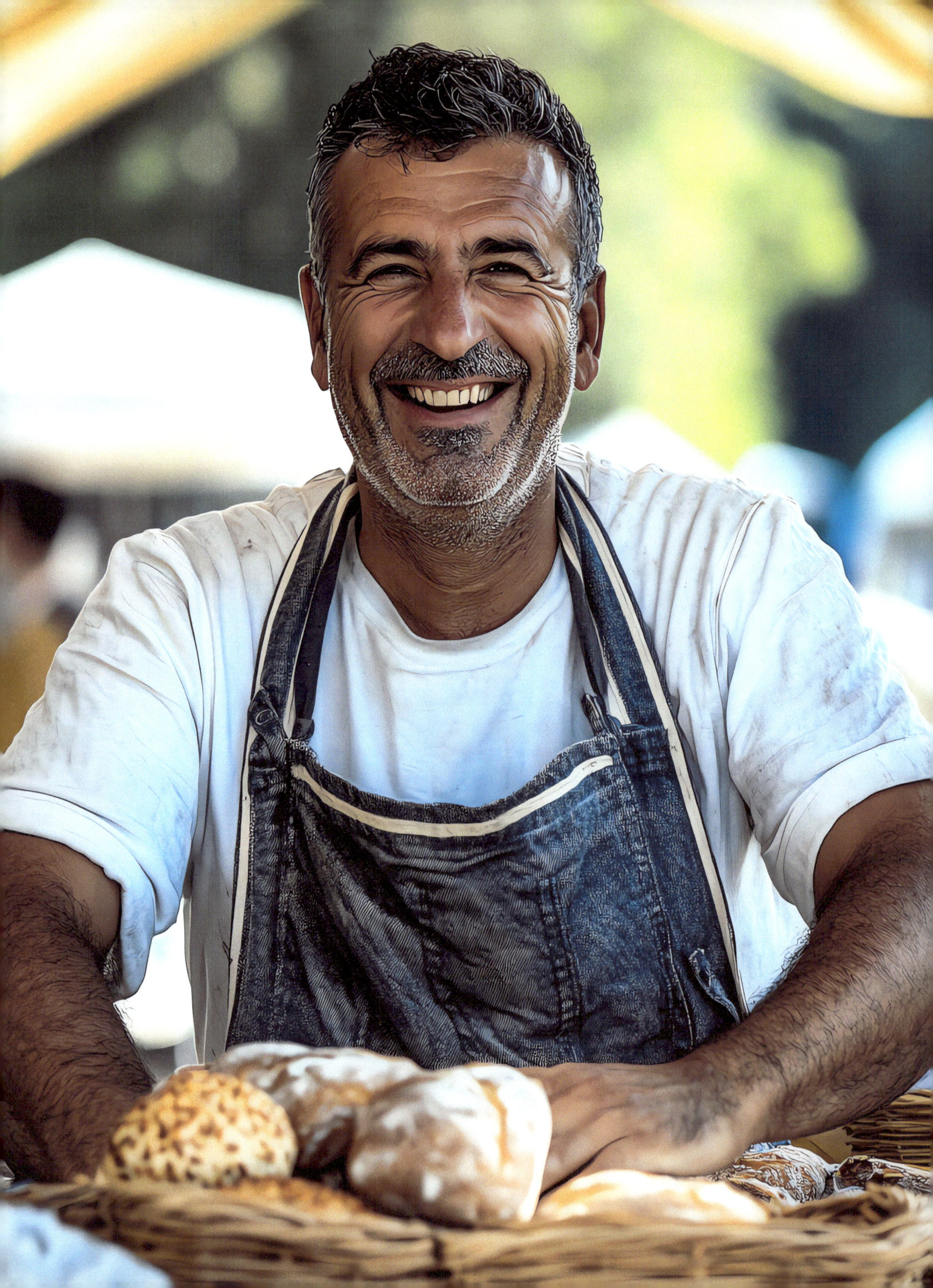

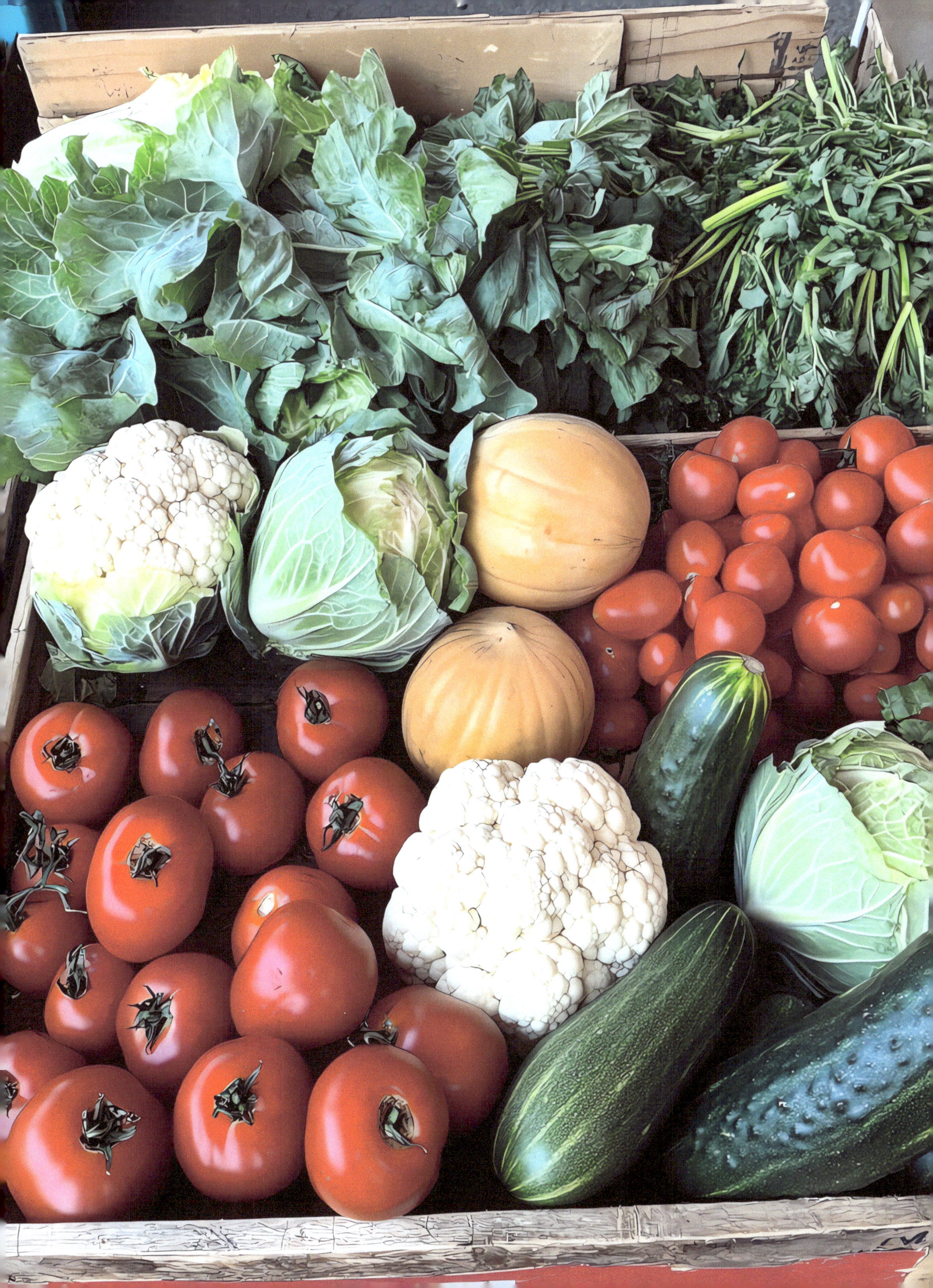

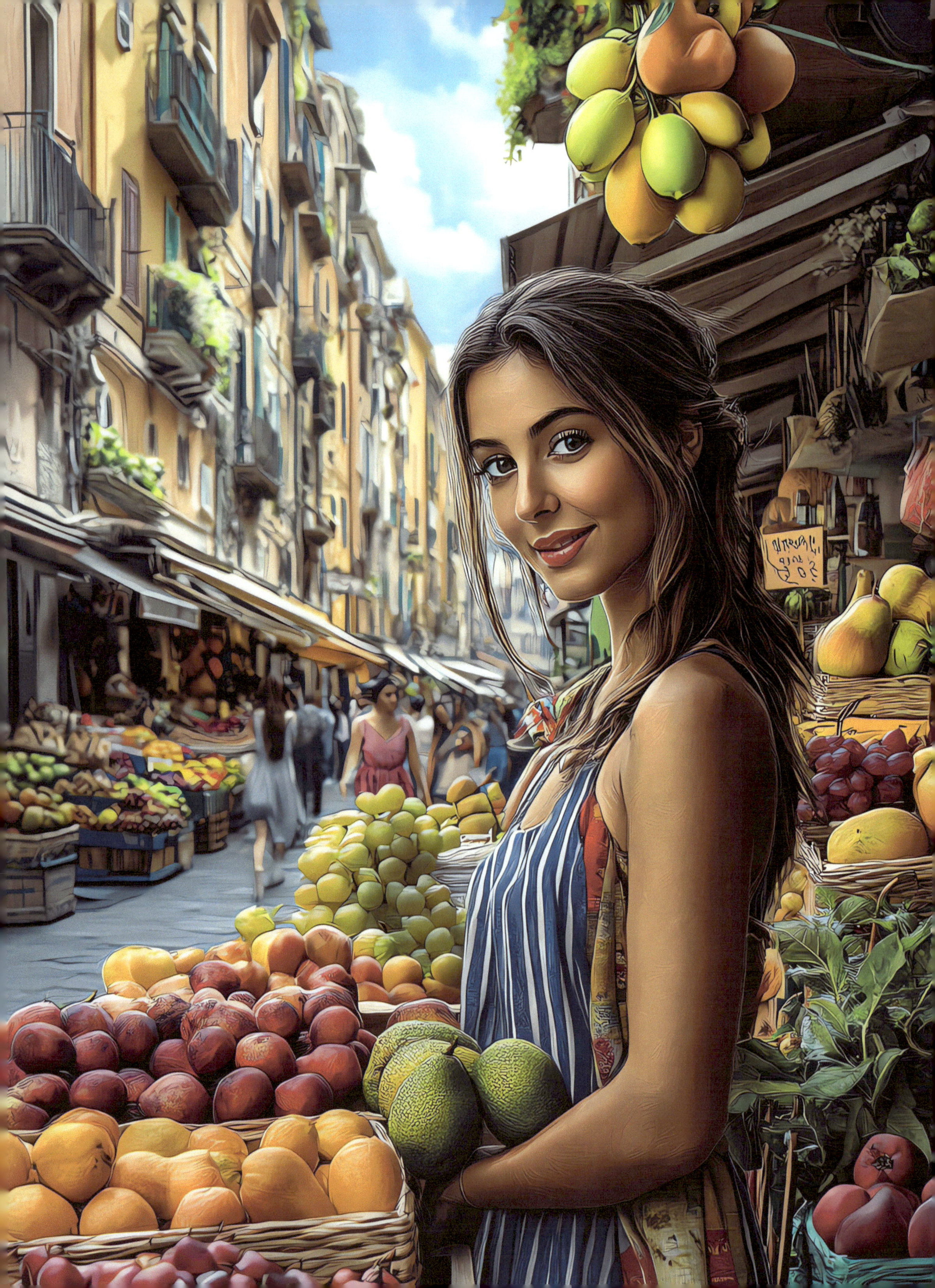

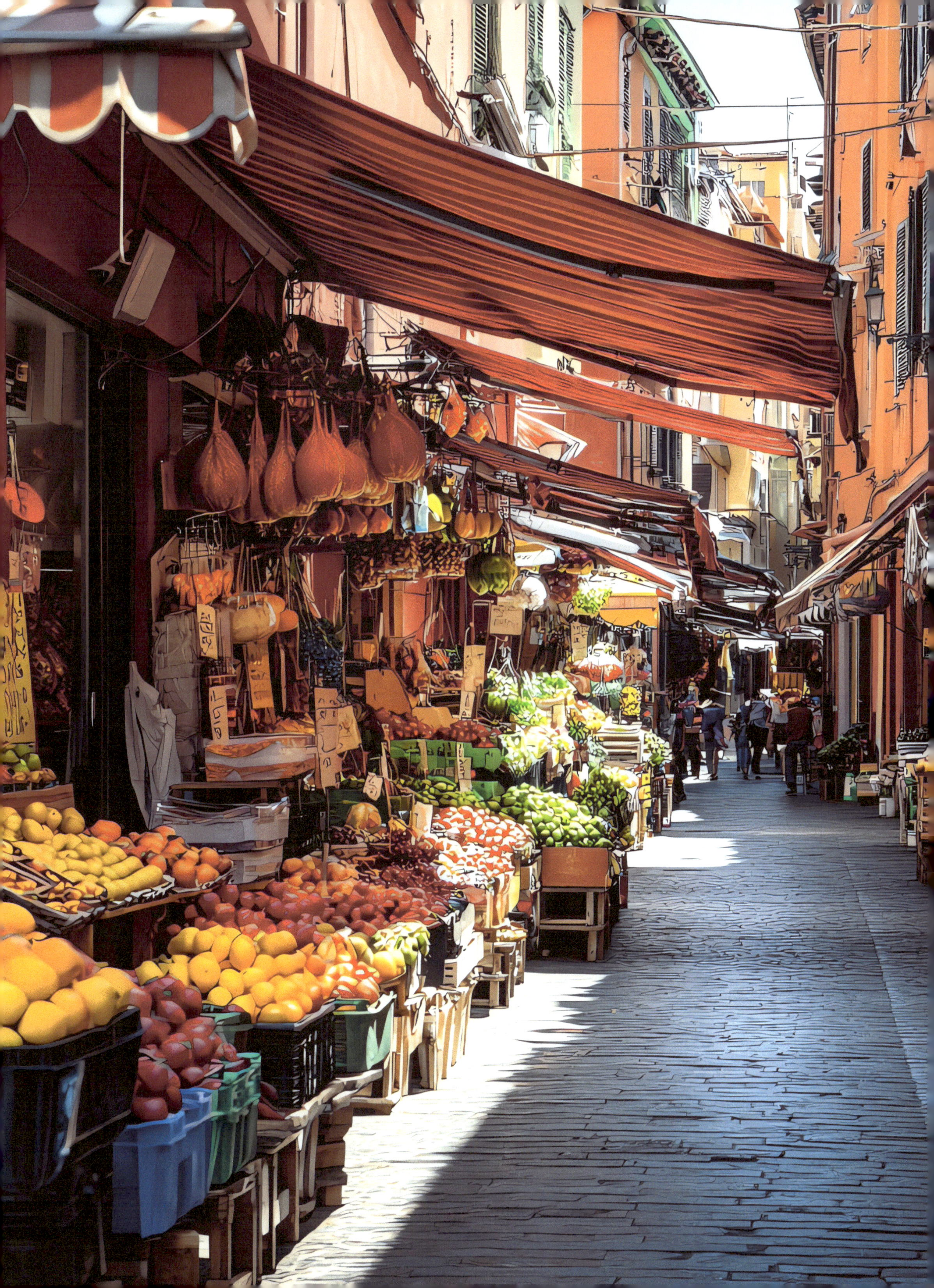

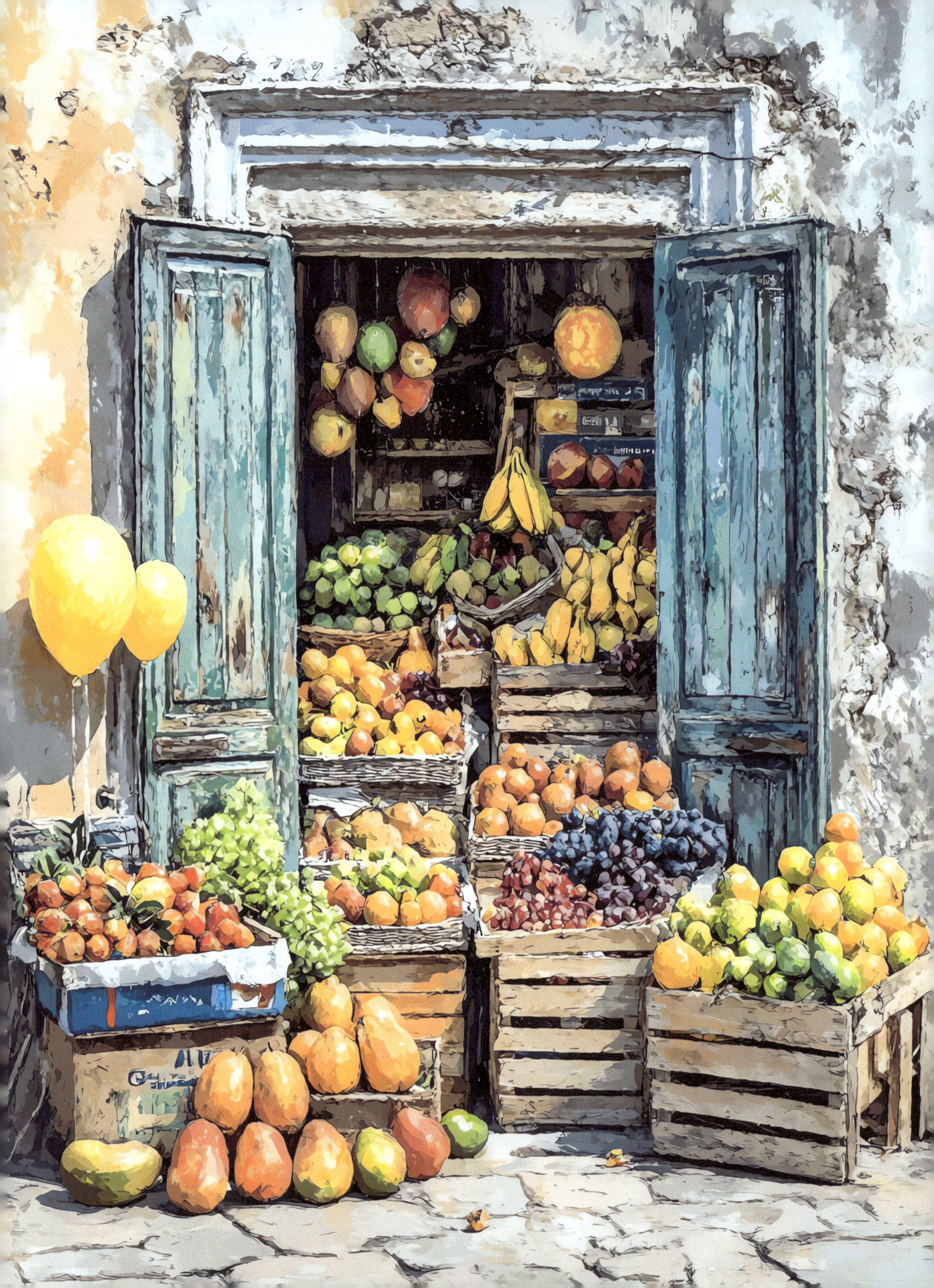

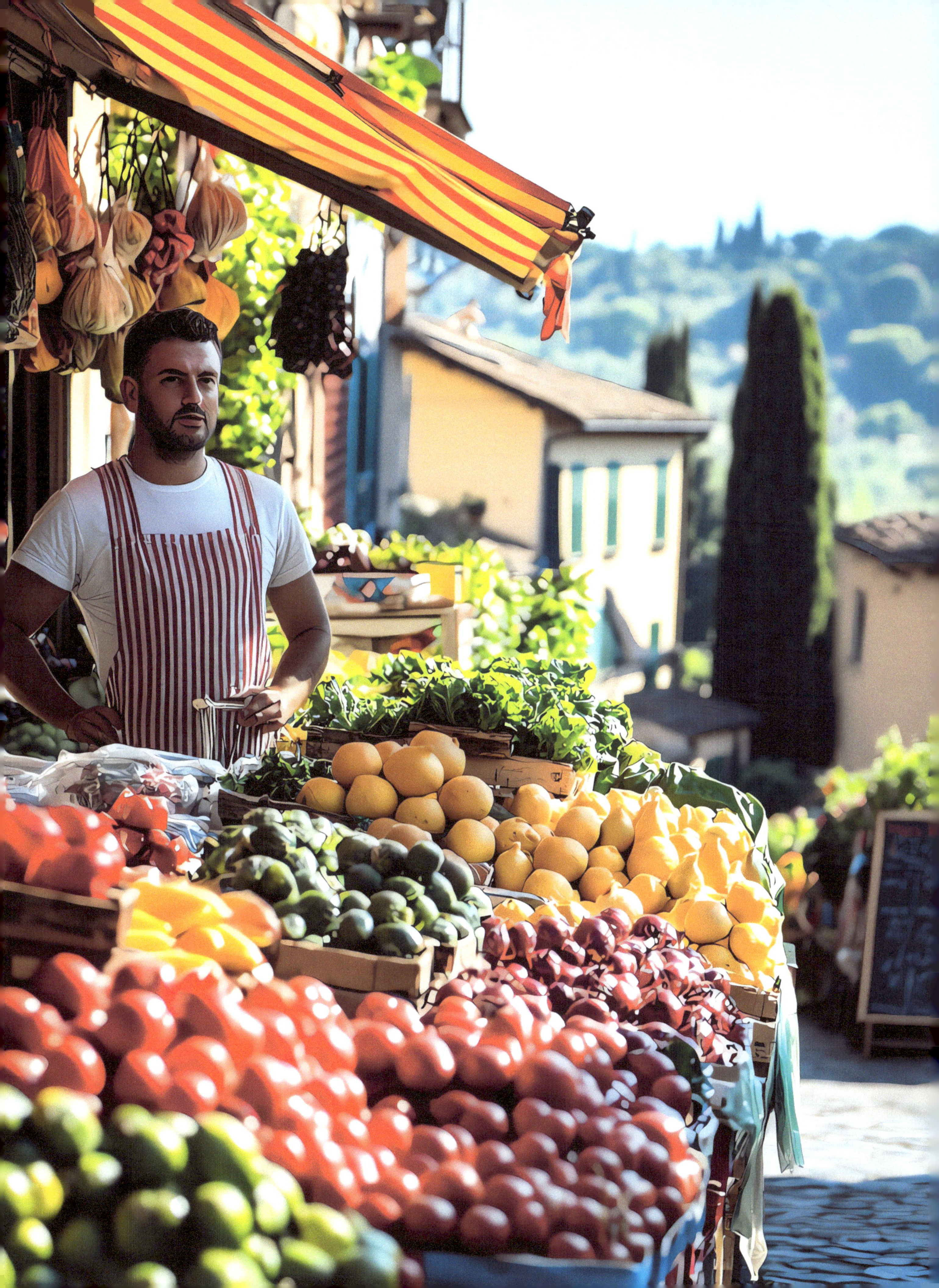

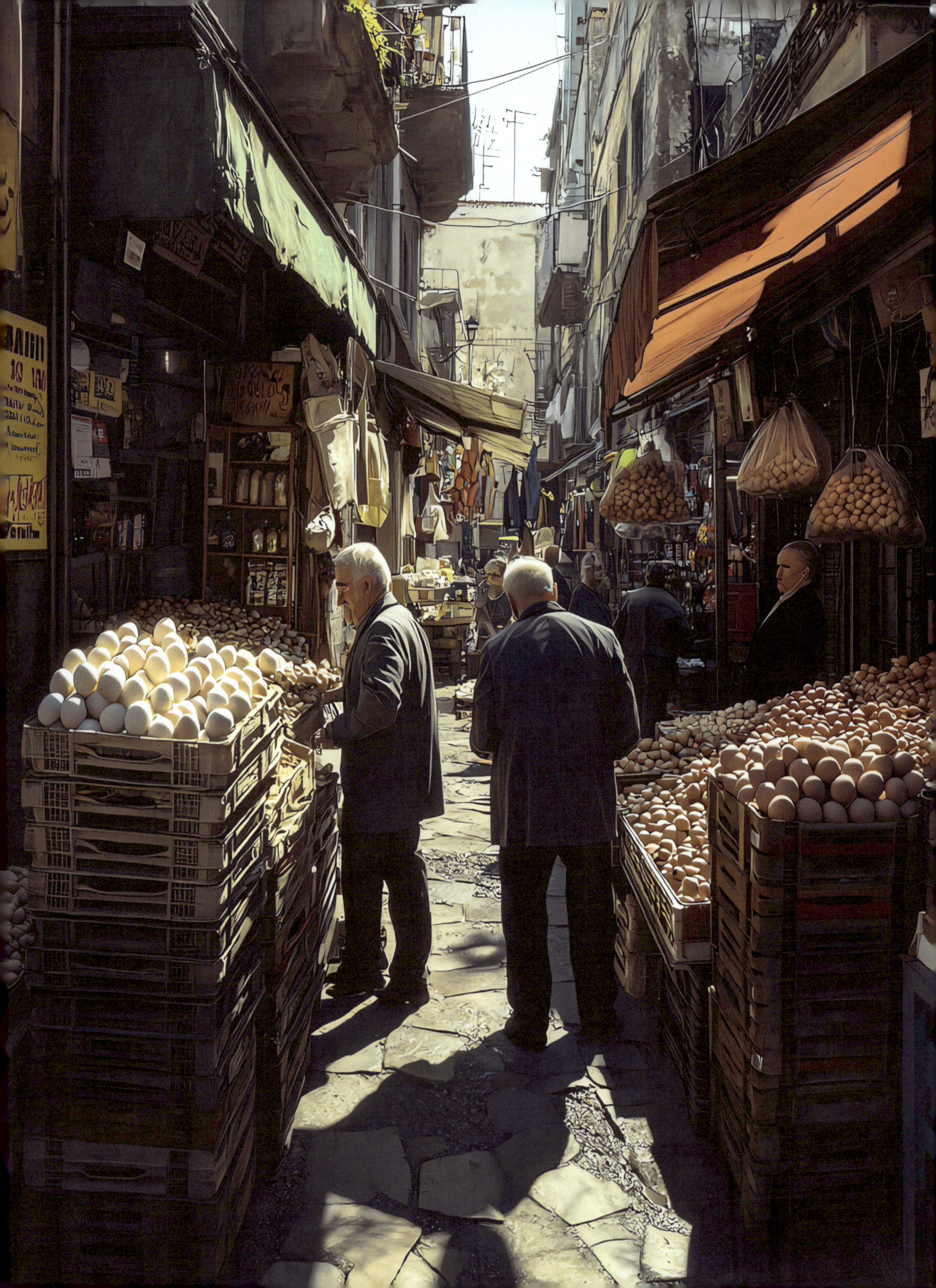

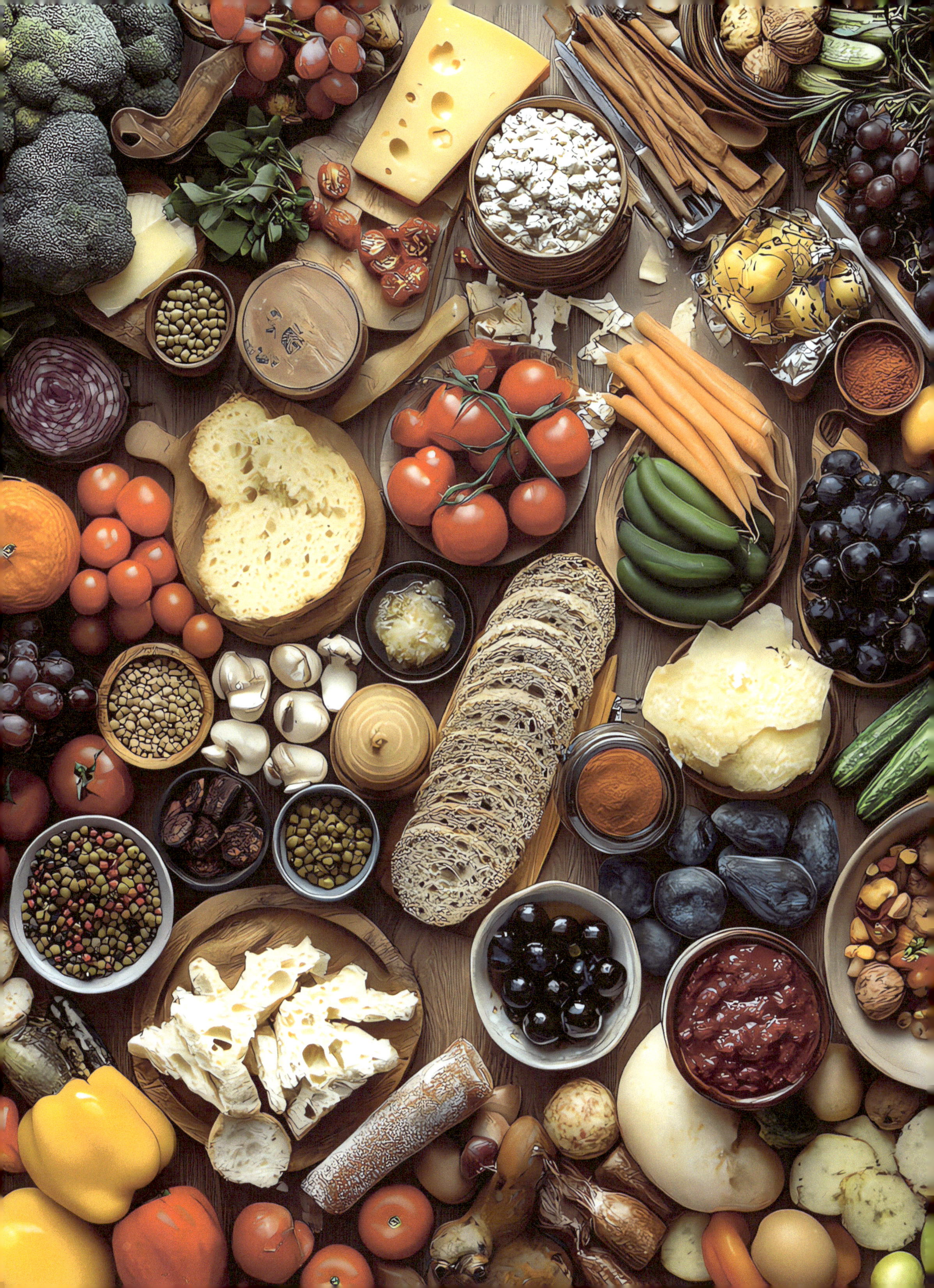

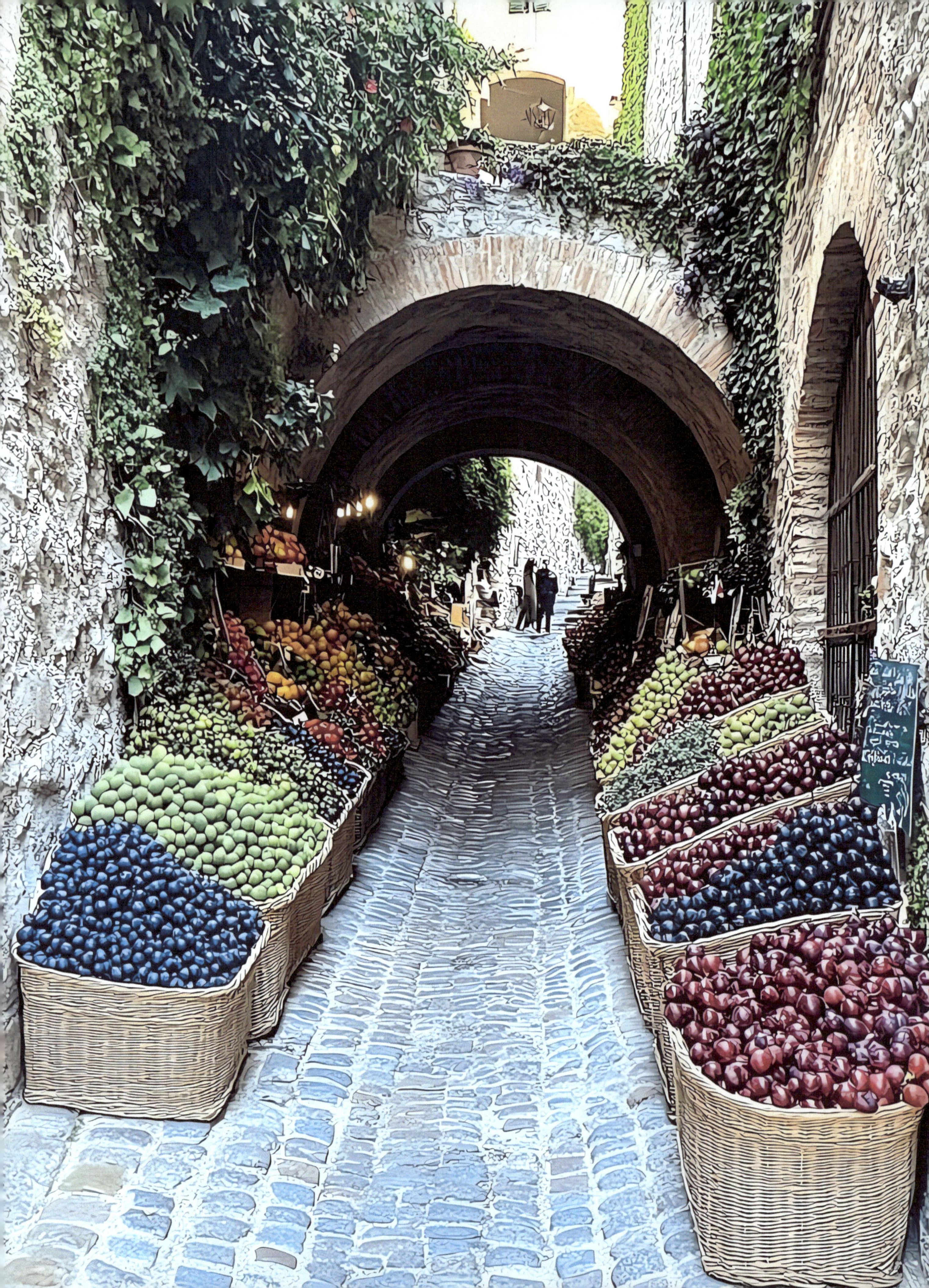

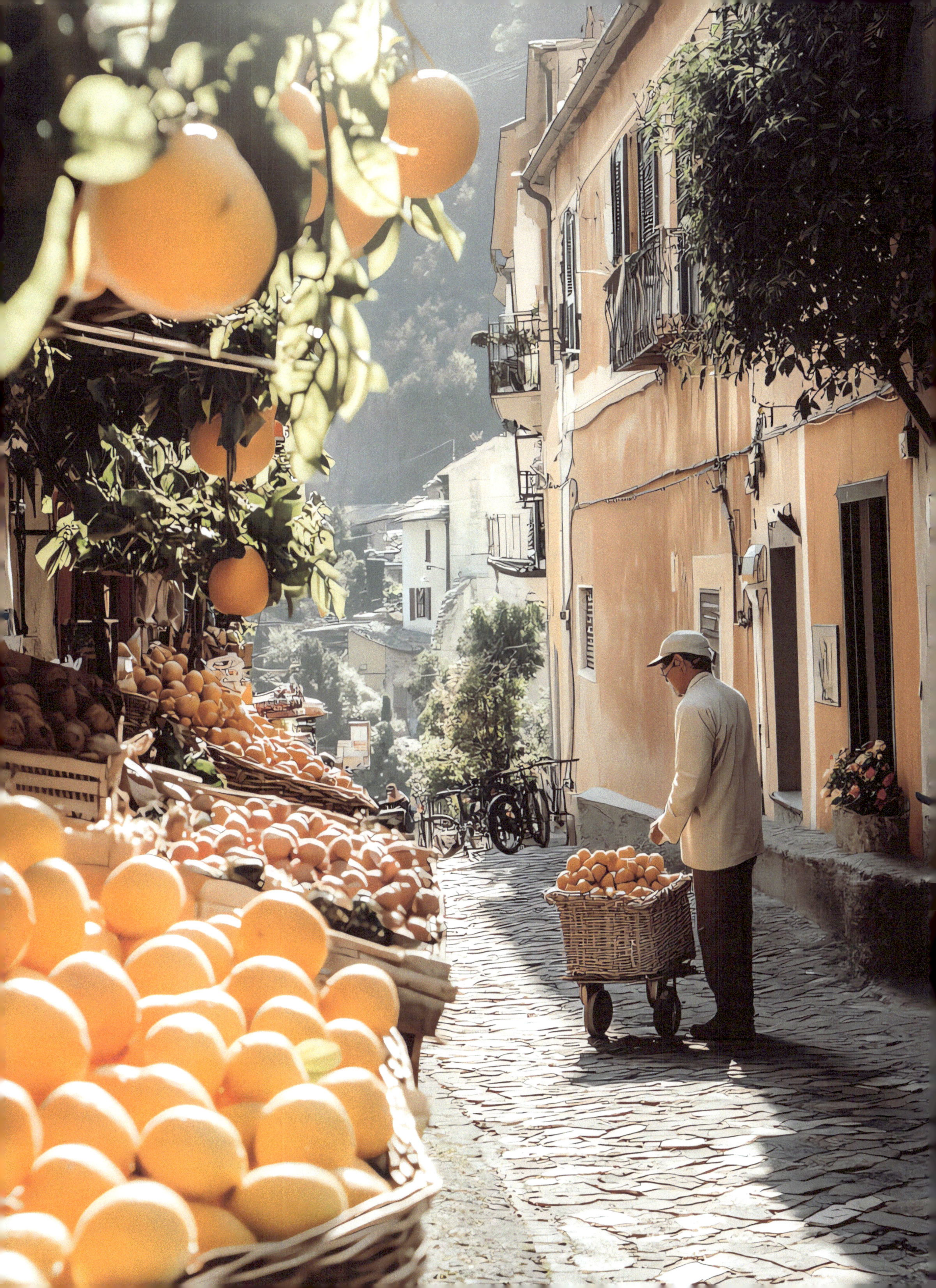

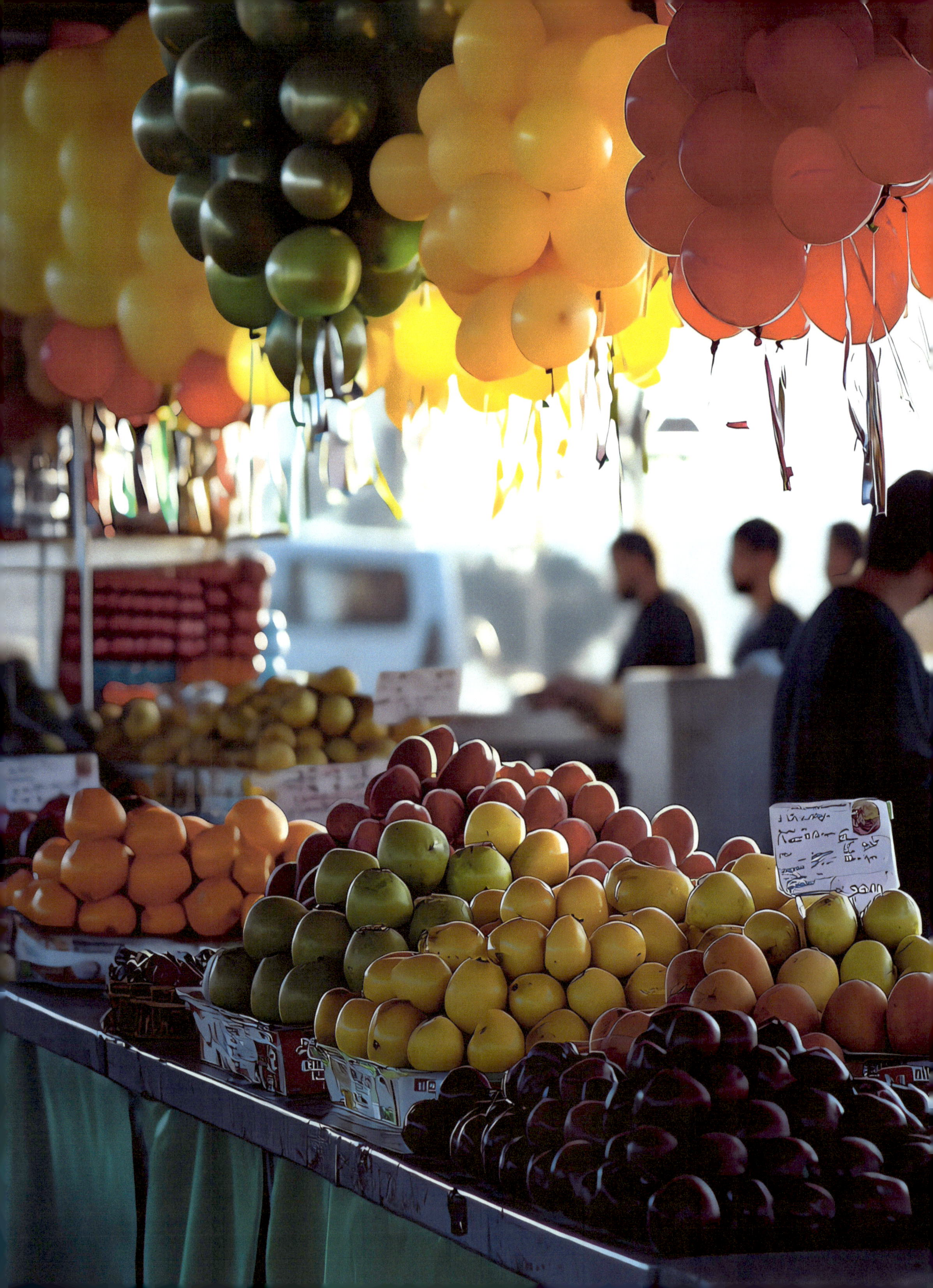

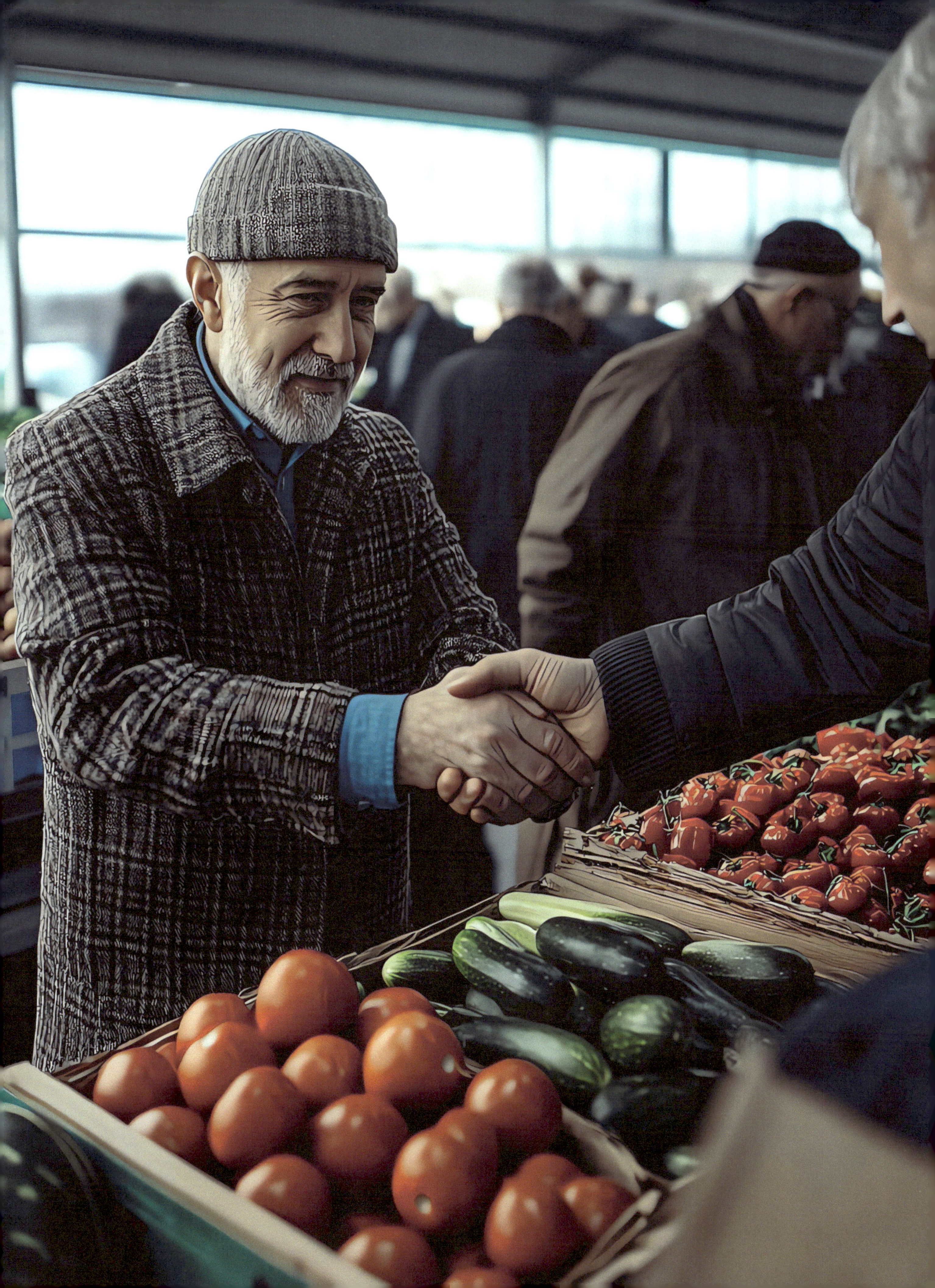

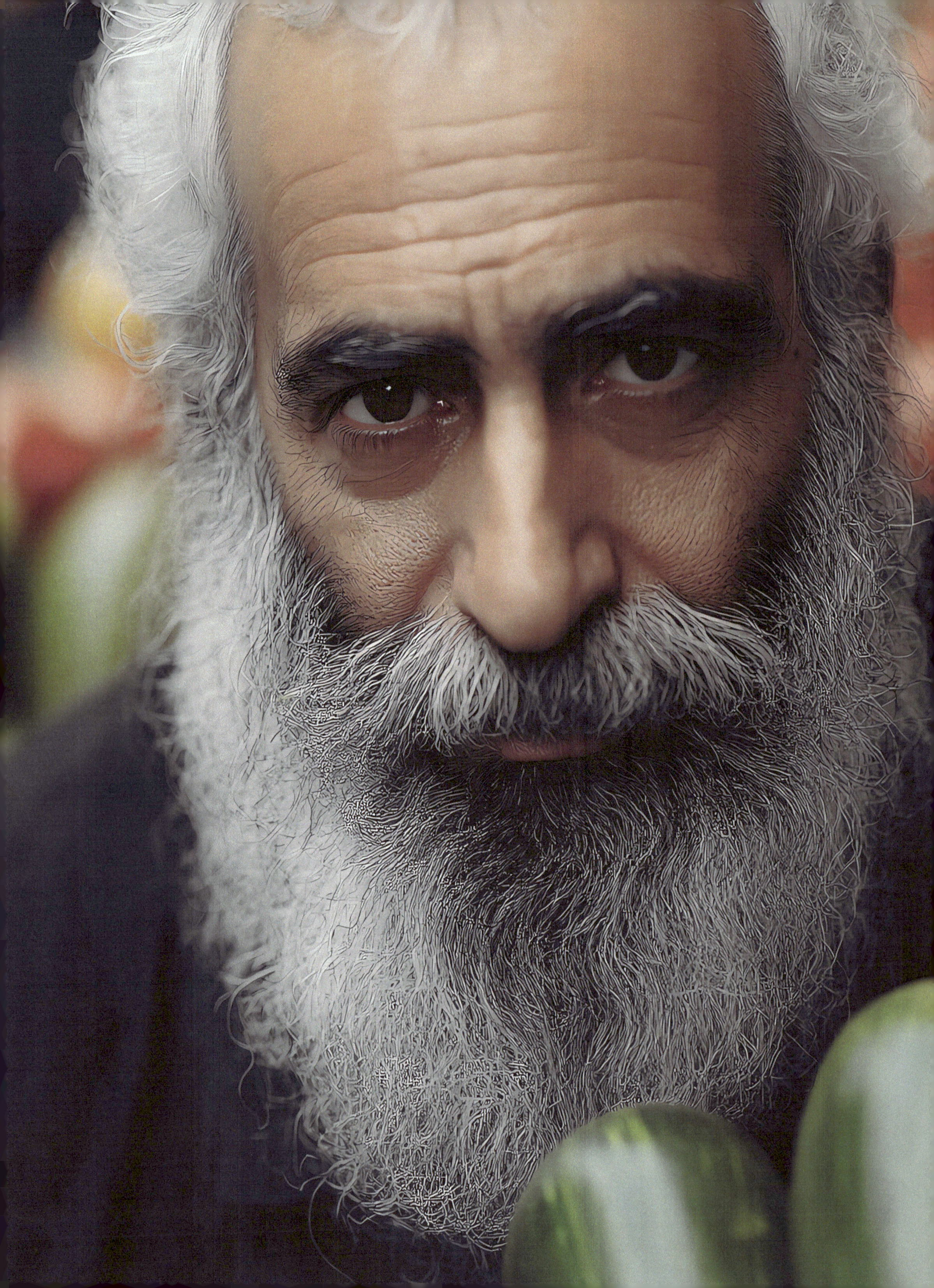

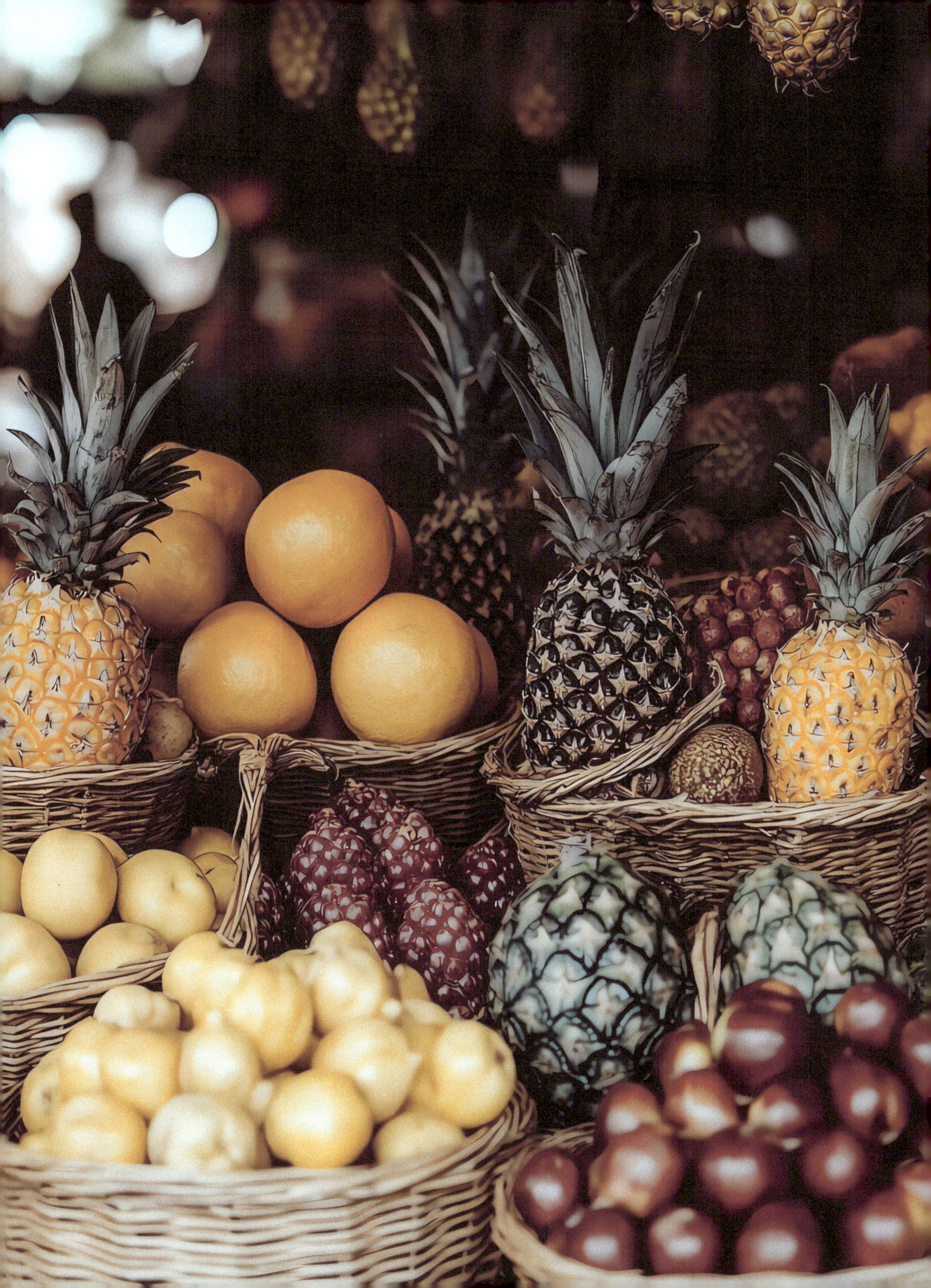

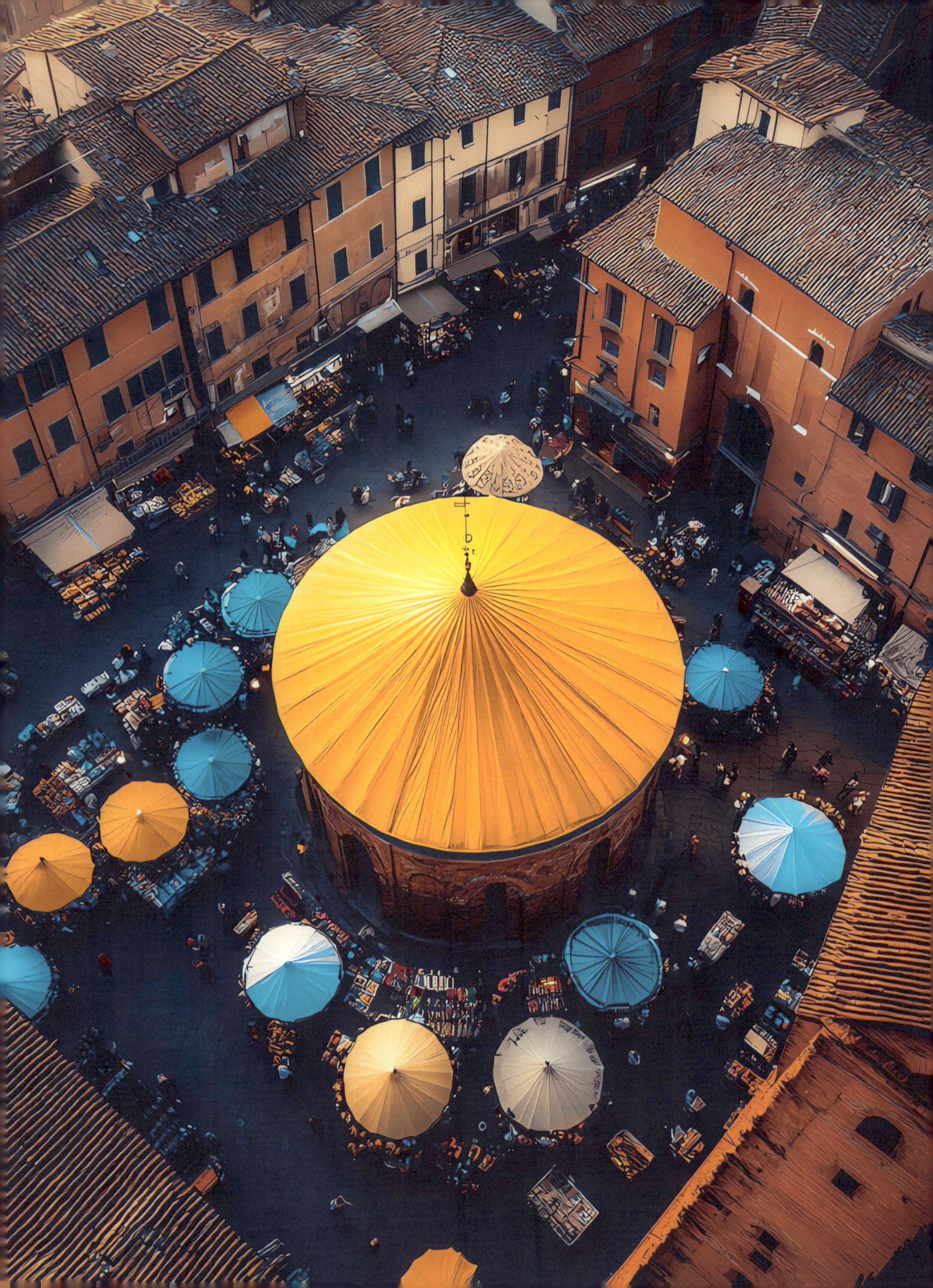

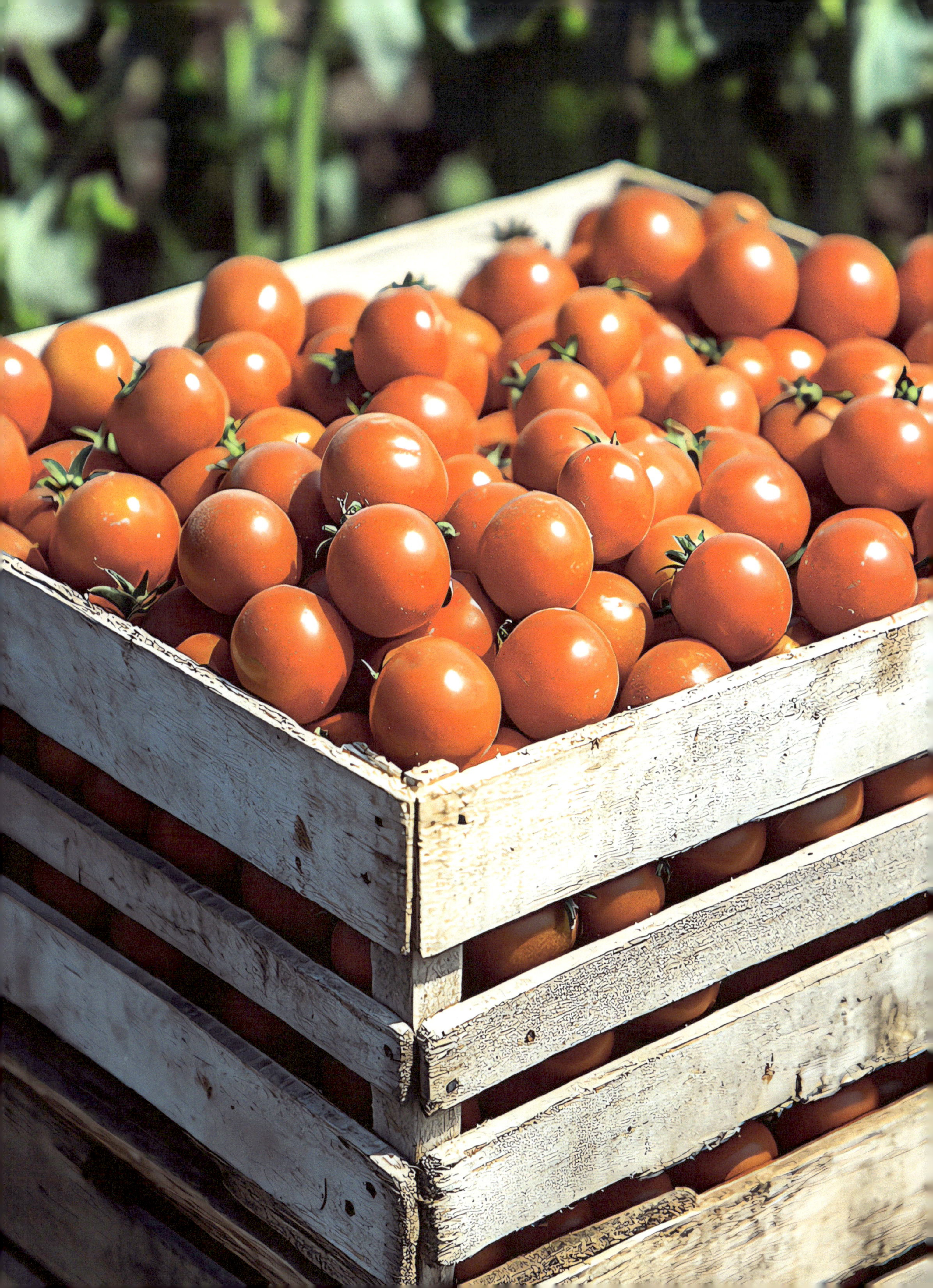

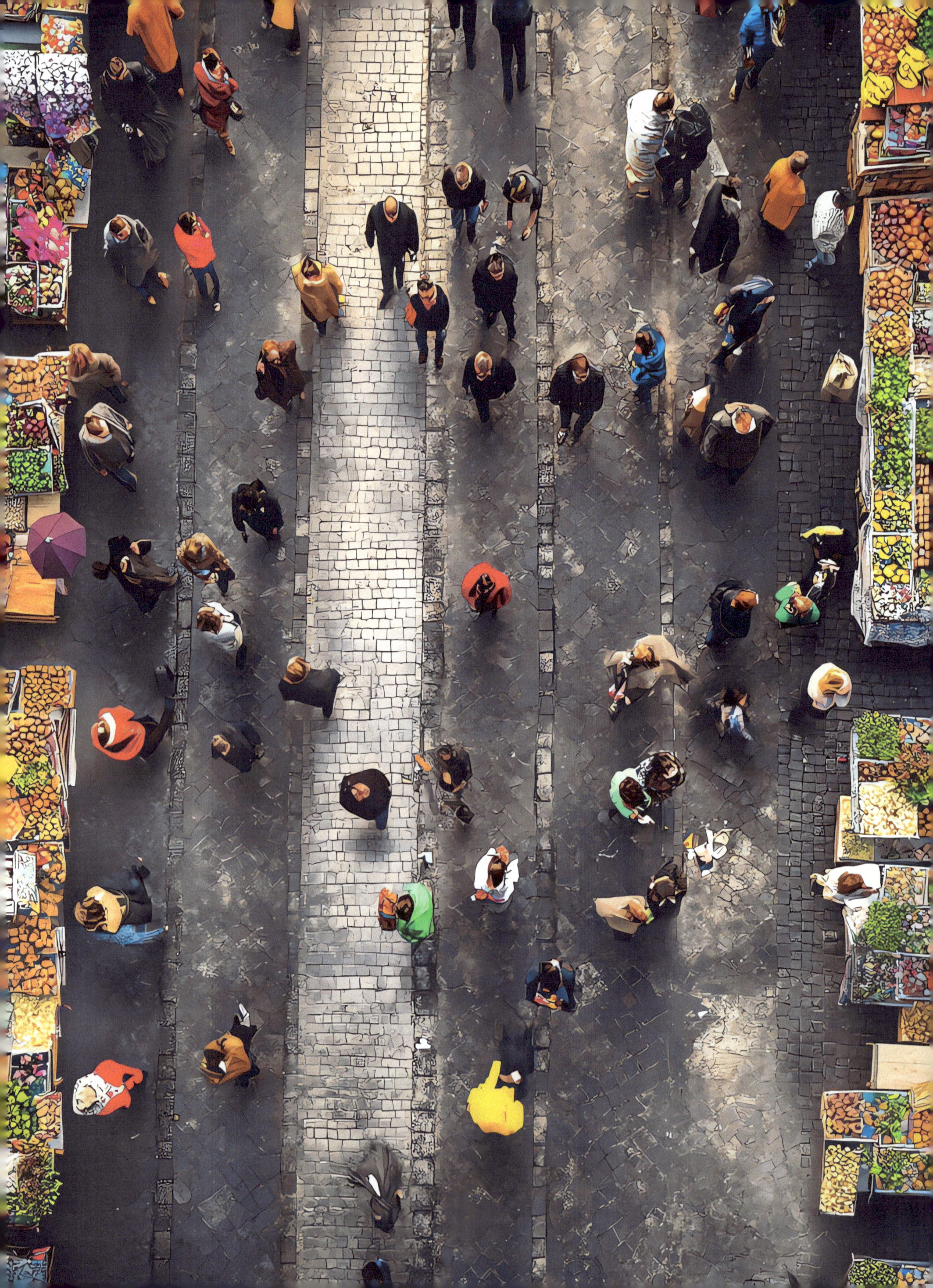

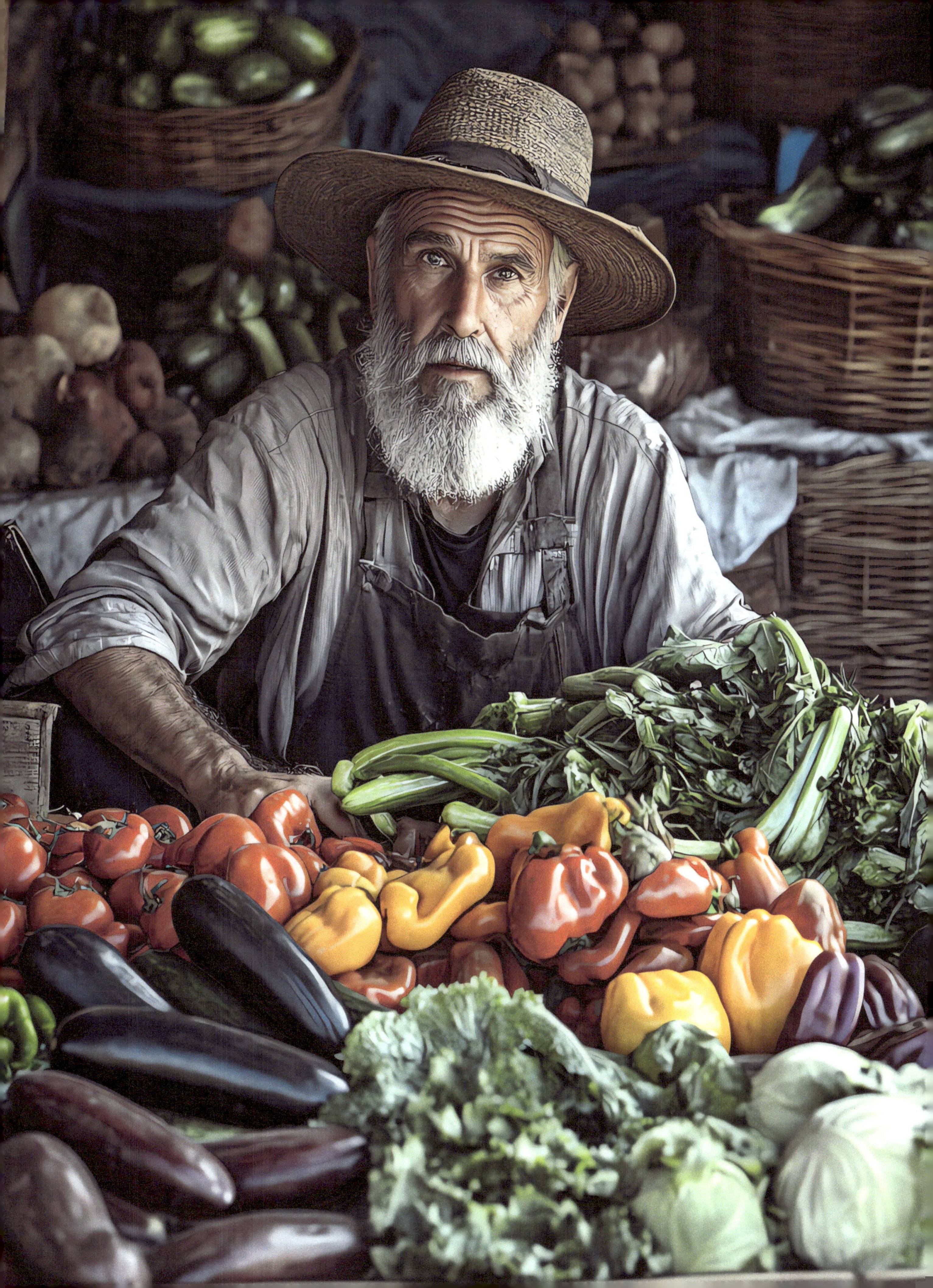

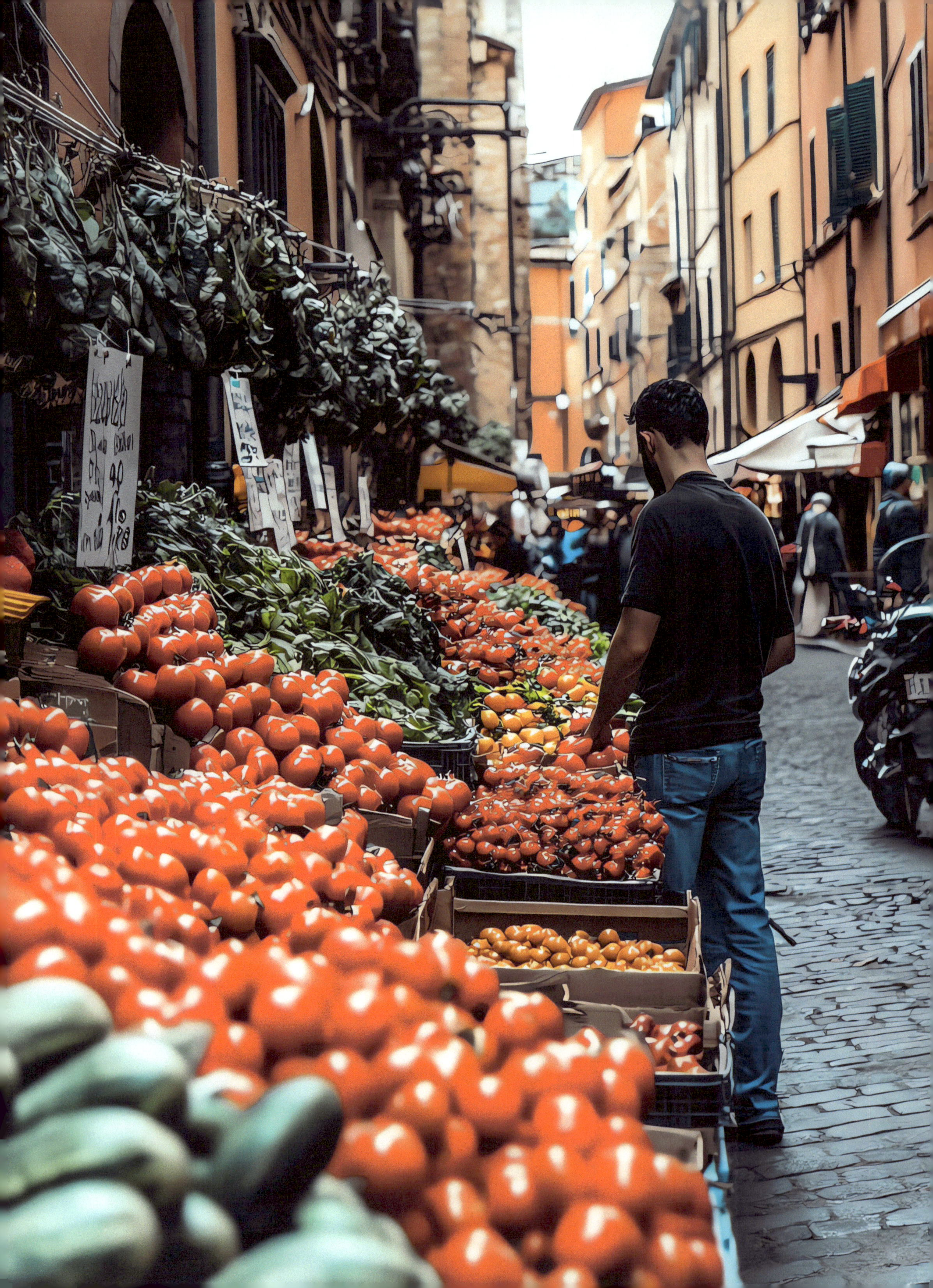

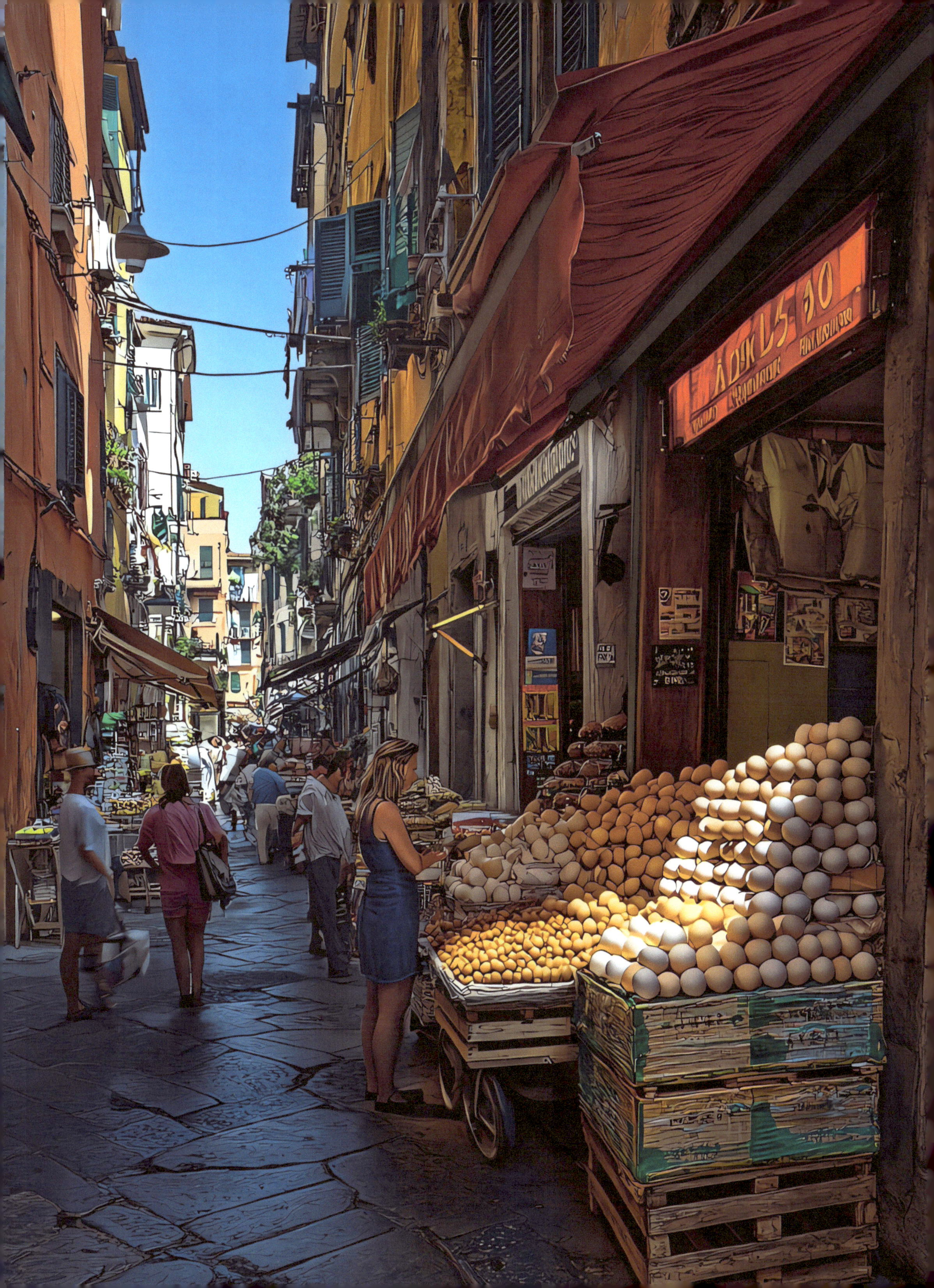

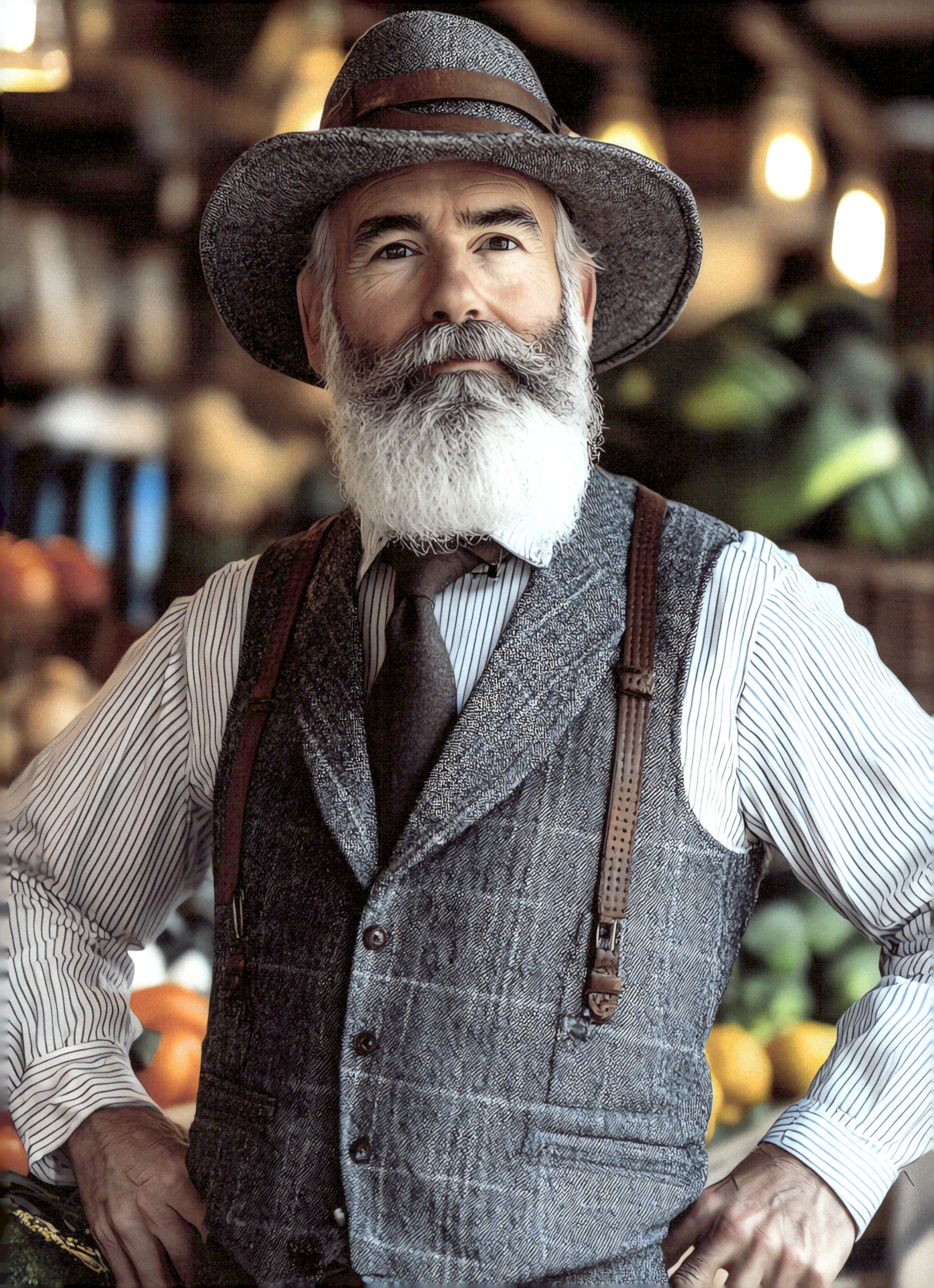

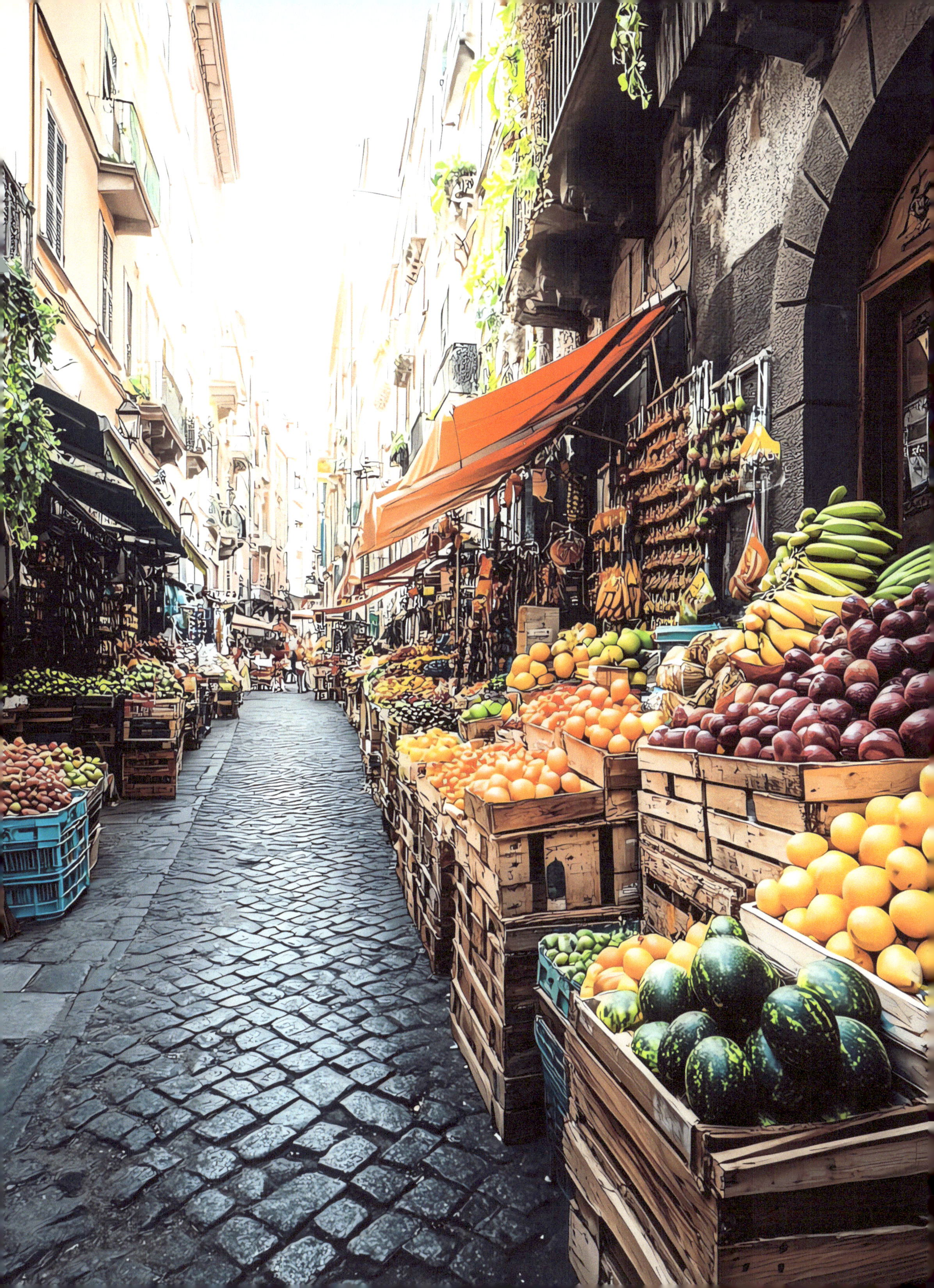

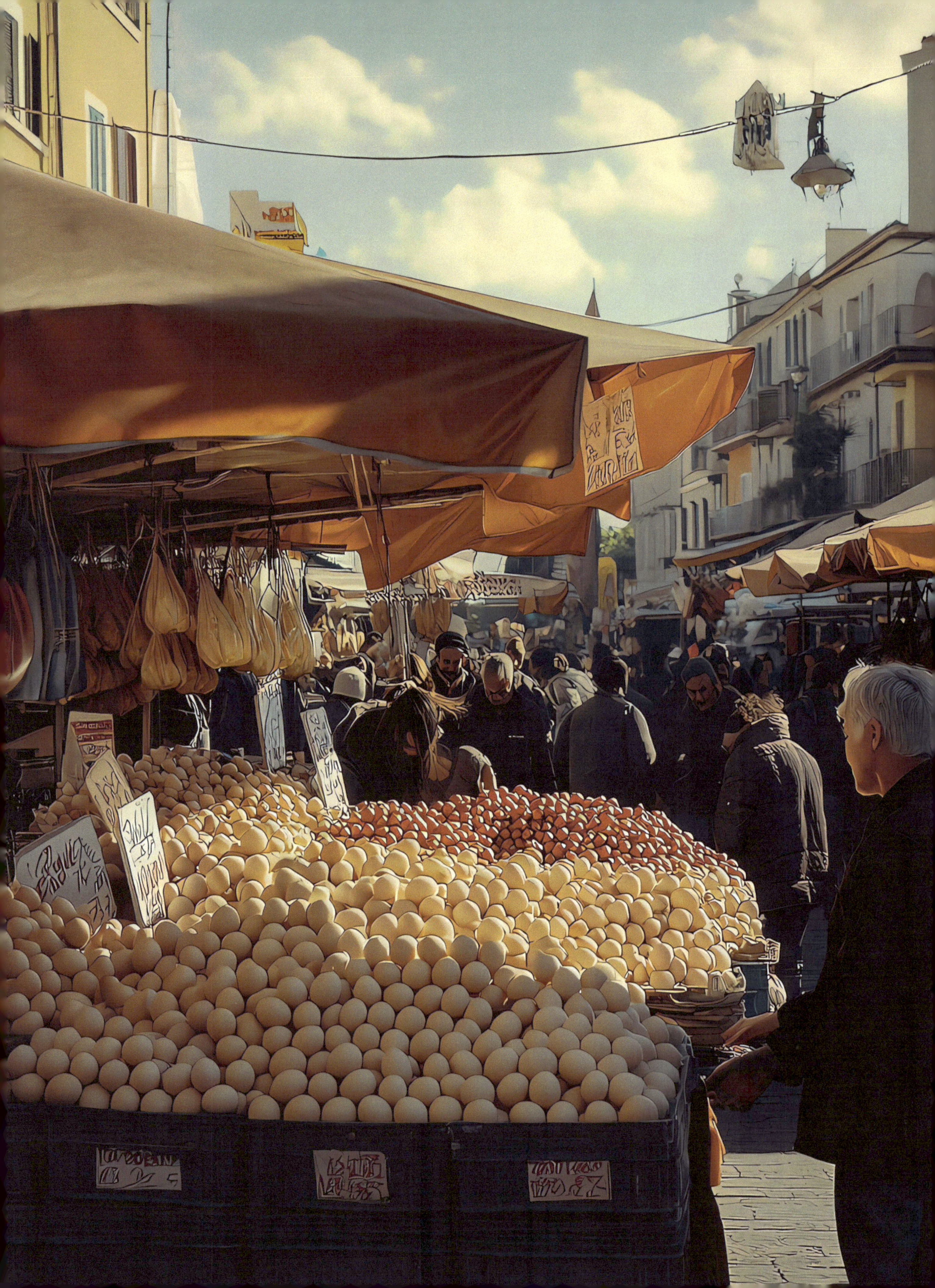

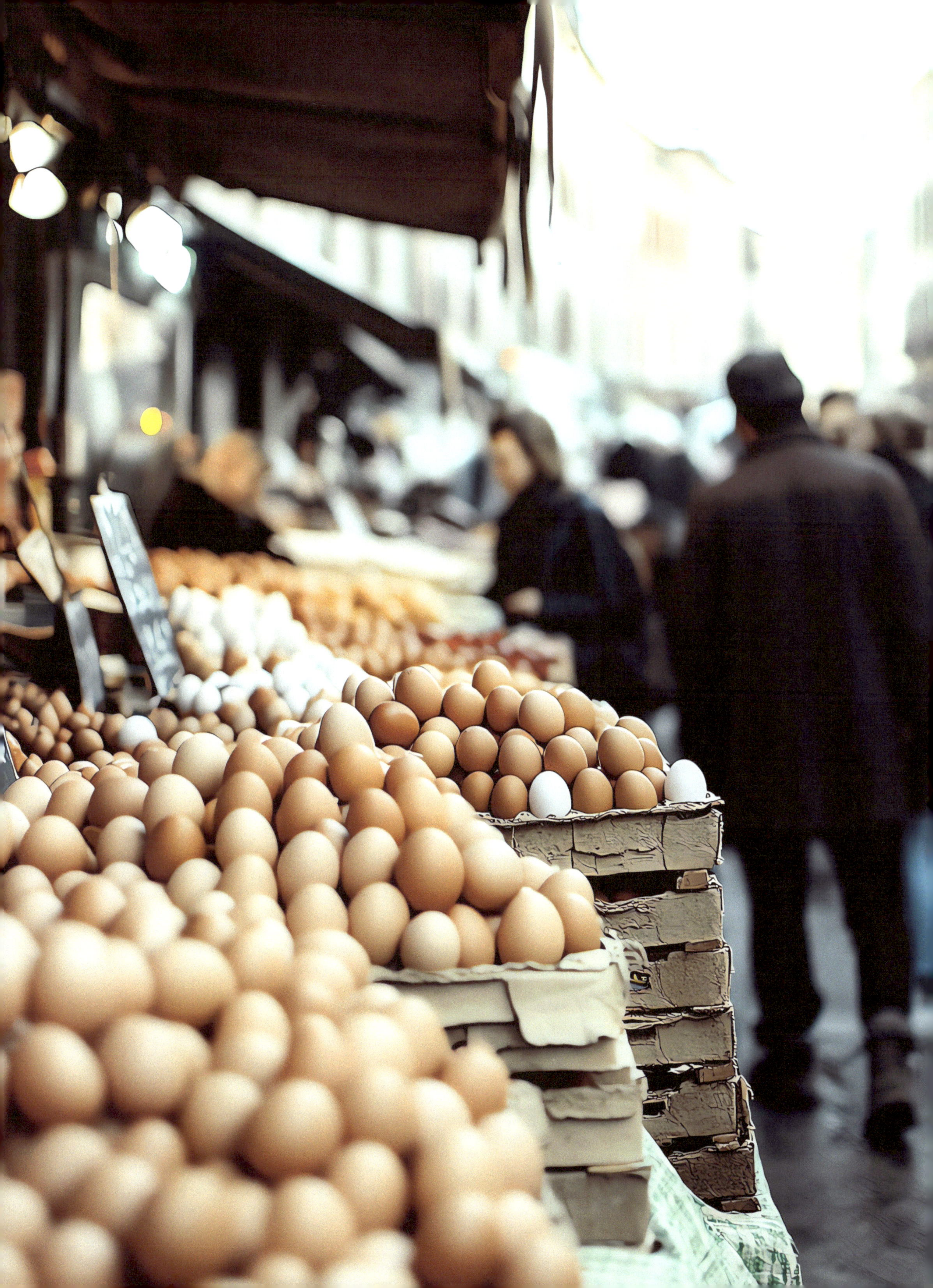

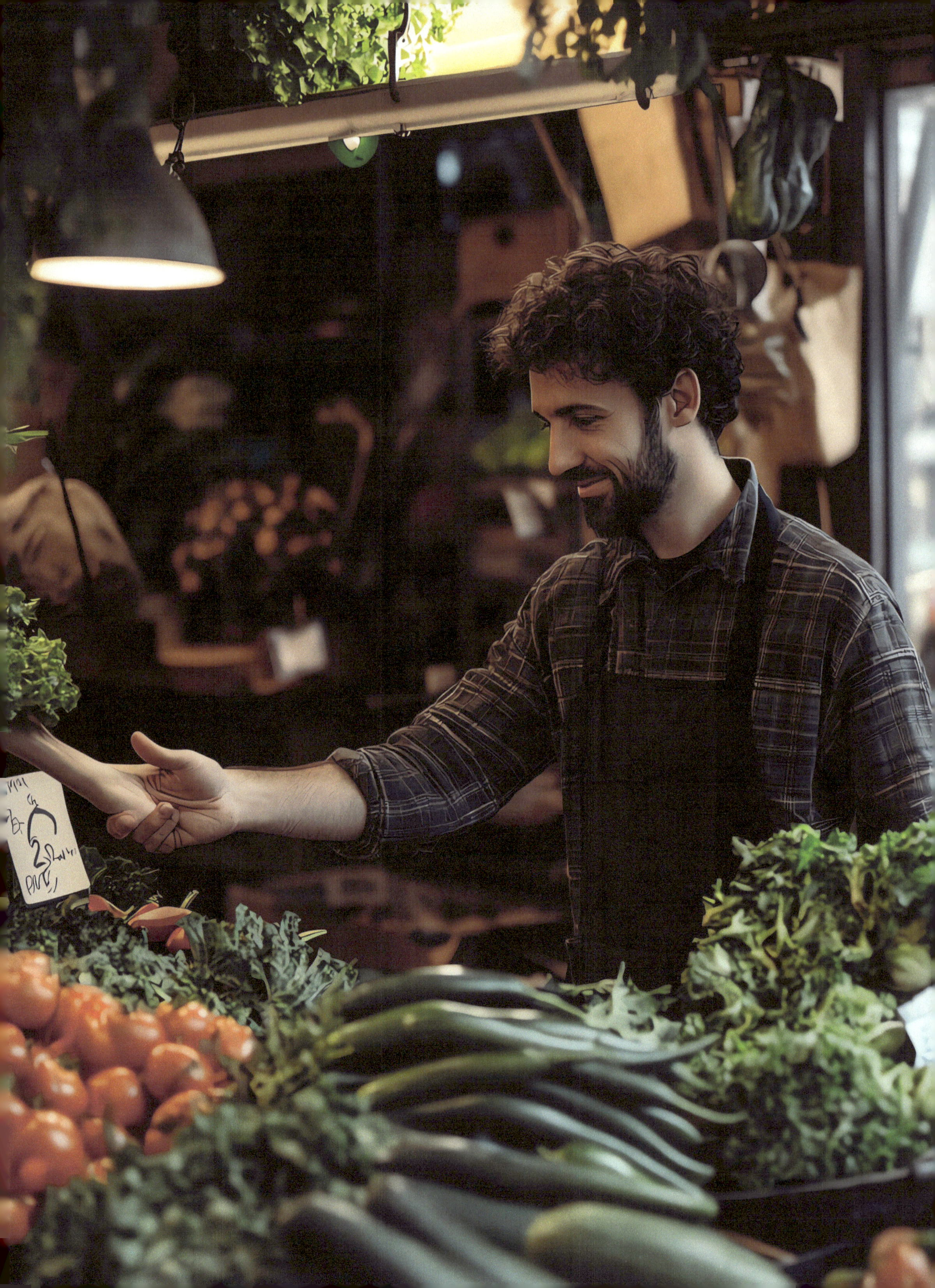

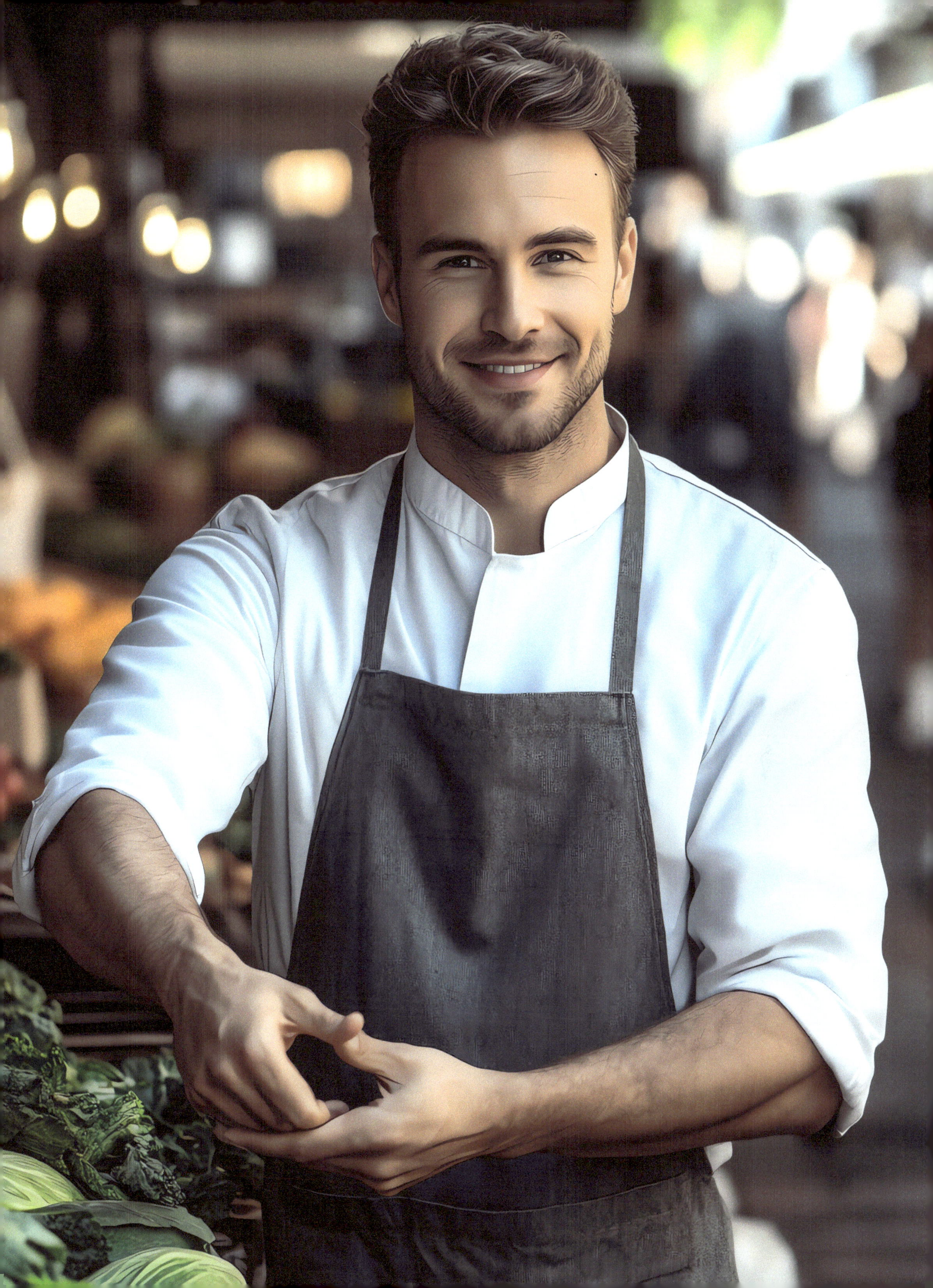

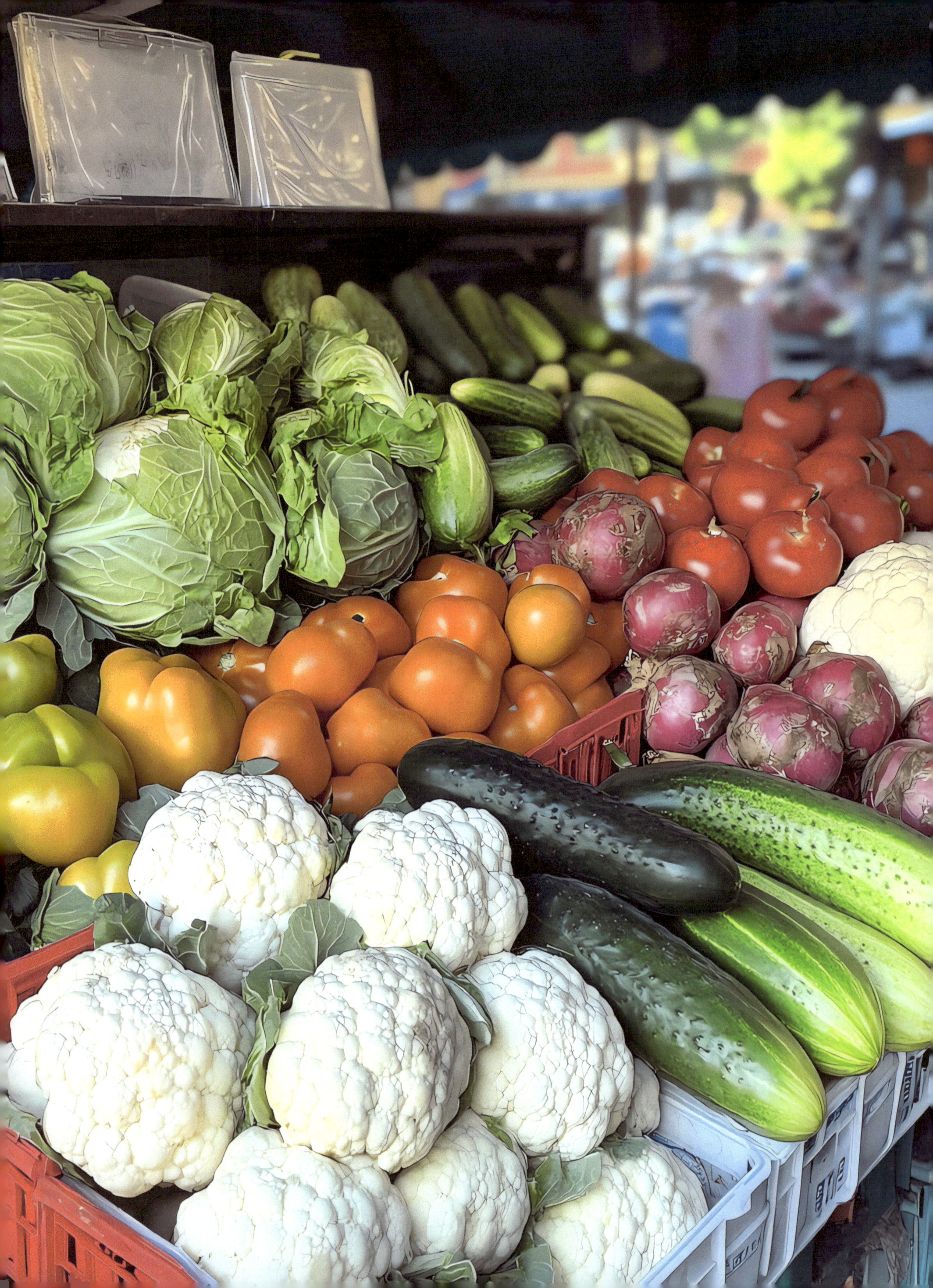

www.ingramcontent.com/pod-product-compliance
Lightning Source LLC
Chambersburg PA
CBHW040431220526
45473CB00004B/1411
* 9 7 9 8 3 0 2 0 4 9 5 1 3 *